検証・司法制度改革 I
法科大学院・法曹養成制度を中心に

萩 原 金 美 著

中央大学出版部

　　　　　　　は　し　が　き

　本書は私が2004年3月に73歳で最終的に法学教育の現場から引退した後（法科大学院制度はその年の4月から発足した）に発表した法科大学院・法曹養成制度に関する論稿を一本にまとめたものである。
　司法制度改革の論議の過程において私はかなり積極的に発言してきた。裁判官および弁護士としての若干の実務経験を有する私は，かねて司法制度改革の緊急的必要性を痛感し，それを切言してきた。司法制度改革審議会（以下「司法審」という）の発足はまさに絶好の機会の到来と思われたのである。しかし改革の論議が次第に具体化する中で，意識的・無意識的に自己の既得権益を擁護する（ことを前提とする）論議が瀰漫することに少なからぬ危惧を感じざるを得なかった。大きな改革は必然的に大きな痛みを伴う。この生みの苦しみを避けるわけにはいかないのだ。そのことを実感しているとは到底思えない能天気な言説が横行していた。後講釈めいた賢しらなことを言うつもりはないが，法科大学院・法曹養成制度が抱える深刻な今日の問題点はすでに改革の議論の当初からある程度まで想定できるはずのことだったのである。
　法科大学院の発足を目前にしながら法学教育の現場から一旦絶縁することを決意したのは，自分に残された人生の時間配分を考えて，スウェーデン（手続）法の訳業を完成させたいという念願からであったが，それを終えるや否や司法制度改革の諸問題に取り組みたいと念じており，このことはわが晩年における「ス

ウェーデン法三部作」を成す各著作の跋において繰り返し表明したことであった。

今漸く念願叶って司法制度改革に関する考察に取り組むことができるようになった。しかるに残念なことだが、最近どうも持病の気管支拡張症による咳・痰の症状が甚だしく、それに伴う体力・気力の減耗が著しい。加えて記憶力の甚だしい劣化に悩まされている。とても従前のようなペースで仕事を進めることは困難である。実は、スウェーデン法の仕事を進める中でも、やむを得ない様々な事情から法曹養成（法科大学院教育）に直接・間接に関連する数篇の論稿を発表してきた（「論文」とまで揚言することは憚られるような雑考であるが、以下ではあえてこの美称を冠することにする）。それが第2ないし第5論文である。それらを踏まえて新たな論考を執筆することを意図したのだが、なかなか思うように運ばない。とはいいながら、法科大学院＝新たな法曹養成制度をめぐる状況が日に日に悪化の一途をたどるのを目撃して沈黙することに堪えられず、あえて雑駁なその擁護論を発表することにした。これが第1論文である。この論文は不十分ながら第2ないし第5を総括し、かつ多少は発展させたものといえよう。そんなわけで少々気恥ずかしいけれど、第1ないし第5論文によって私見の立場からする法科大学院＝新法曹養成制度に関する総合的な批判的検討を一応行ったと揚言することも許されるかと思う。

この主題をめぐって今日現実化している多くの問題は拙著『続・裁判法の考え方――司法改革を考える――』（2000, 判例タイムズ社）および『法の支配と司法制度改革』（2002, 商事法務）において論及したことに属する。それゆえとくに第1論文ではこの二

著を適宜引用・利用することで私見の明確化とエネルギーの省力化を期したことをお許しいただきたい。

　「『自分がその言葉を発しなければ，他にいってくれる人がいない言葉』だけが真に発信に値する言葉」だとは内田樹氏（神戸女学院大学名誉教授）の言葉である（同『街場の読書論』（2012，太田出版）349頁）。本書には，そういう言葉を書き綴ったつもりである。しかし，その全部または一部がすでに他の（そして多くの）識者によって指摘・共有されていることだとすれば，それは私にとってすこぶる嬉しい過誤であるとともに，日本の司法のために極めて喜ばしいことだといわなければならない。

　司法審の会長であった佐藤幸治博士の著書に白洲正子氏の「一人の力ではどうにもならぬものである。だが，一人の力を信じなくて何ができるというのだろう」という言葉が引かれている（拙訳著『スウェーデン訴訟手続法』（2009，中央大学出版部）352頁）。昨今のわが国の政治・経済・社会状況をみるにつけ個人の無力さを痛感する。司法制度改革，法科大学院問題について私ごとき老耄の一書斎人の発言が果たしてどんな意味をもちうるのか絶望感を覚えることも事実である。しかし今は上記の言葉の真理性を信じつつこのまことにささやかな仕事の成果を世に問いたいと思う。（カオス理論の「バタフライ効果」によれば，アフリカ大陸で羽ばたく一匹の蝶の羽が生み出す振動がアメリカにハリケーンを引き起こすことだってあり得ないではないとさえいわれる（瀬木比呂志『民事訴訟実務と制度の焦点――実務家，研究者，法科大学院生と市民のために』（2006，判例タイムズ社）152頁など参照。）本書がこの一匹の蝶の羽の役割を果たし得ることを夢想しつつ。――この項は第１論文の「はじめ

に」の末尾とほぼ同文だが，本書の序文の結びとしてもふさわしいと考えるのであえて再掲させていただく。

（実はスウェーデン法三部作の完成後しばらくは主として裁判員裁判の問題に取り組んできた。本書には収録していないが「法科大学院教育と死刑存廃論」（神奈川ロージャーナル4号（2011）も裁判員裁判との関連を意識して書いたものである。いやしくも裁判法研究者の看板を掲げる以上，しかも裁判官在任中に後日再審無罪となった死刑宣告事件に関与したという重大な職業上の過誤を犯した前歴を有する私にとって刑事司法制度の改革としての裁判員裁判の問題は早晩真剣に取り組まなければならぬテーマであることは十分に意識しているが，様々な理由からまだまとまった論考をものすることができないでいる。この問題は近刊予定の別巻で行うことにしたい。本書を「検証・司法制度改革 Ｉ」と題するゆえんである。）

本書もスウェーデン法三部作と同様に中央大学出版部から刊行していただくことになった。中央大学は私の母校であるが，その建学の精神は「実学」にあり，実学とは「社会のおかしいことは"おかしい"と感じる感性を持ち，そのような社会の課題に対して応える叡智を涵養（かんよう）するということだと理解」（永井和之学長（当時）の「中央大学『125ライブラリー』刊行のことば」から）されている。本書の内容はまことに貧しいにせよこの建学の精神に沿うものだと愚考する。

本書の校正については畏友横井忠夫氏がかつての名編集者ぶりを彷彿させる貴重なご援助を恵まれた。老来ますます注意力が散漫になっている私にとって心に沁みるご好意であった。もっとも，単なる校正作業を越えた氏の数々の貴重なご助言のうち本書に生

かし得たものは私の体調などの理由からほんの一部にとどまる。氏のご芳情に深謝申し上げるとともに，お詫びしなければならない。また，中央大学出版部の小島啓二氏には出版作業の全工程においてなにかと周到なご配慮をいただいた。記して謝意を表する。

　2013年9月上旬　横浜の茅屋にて

萩　原　金　美

凡　　例

　各論文は初出時の掲載誌（書）の方針に従って送り仮名や注記の仕方などが多様であるけれど，それらを本書において統一することはしていない。いささか目障りかも知れないが，ご海容を乞いたい。ただし，少なくとも当該論文内の注記は統一することに努めた。その際にはほぼ以下のような方針を採用している。

* 　定期刊行物の名称についてはあまり知られていないと思われるもの（その判断基準はかなり恣意的）に限って『　』を付した。

** 　第1論文のように近時執筆したものでは「前掲」とある引用文献の多くについてなるべく文献の全部または一部を反復して表示した。読者，というよりもむしろ老耄の自分自身の参照のための便宜を考慮してである。

*** 　初出時後に付した注記については★印をつけている。これも多分に自己の利用上の便宜からであるが，読者にとっても時間的経過を理解するために役立つかも知れない。

初出一覧など

（各論文の執筆の動機その他——本書をヨリ良くご理解いただくために）

　序文の記述と多少重複する嫌いもないではないが，最初に，本書所収の各論文の執筆の動機などについて若干の説明をしておこう。本書をヨリ良くご理解いただくための一助になろうかと考えてである。

第1　法科大学院・法曹養成制度の課題と展望
初出　「法科大学院擁護論」『神奈川ロージャーナル』5号 (2012)

　「法科大学院擁護論」の執筆を思い立った直接の動機は，2012年4月20日の総務省勧告に接したことである。これに対する反論を是非書かねばと思っているうち，この機会にまとまった法科大学院擁護論を書くべきだという気持が次第に強くなり，本論文に結実したという次第である。

　執筆のためにかつて発表した関連する拙稿を読み返してみると，10年以上前に発表した拙著AとBの中で言うべきことはほとんど言い尽くしたような気がする。平宗盛は入水自害する時に「見るべき程の事は見つ」といったと伝えられるが，それに近い心境である。しかし，その私見は全く顧みられていない。誰にも顧みられなかったことは実は何も言わなかったことに等しいともいえる。だから，生きている限りはそれを繰り返し発言しておくべきだ，少なくともそのごく一部でも現時点でとくに重要と思われるものは繰り返し書いておく以外にないと考えた。このようにして拙著AとBを中心とするやや異例な叙述方式の第1章が書かれたわけである。

　原題は端的に「法科大学院擁護論」としたが，その内容にかんがみやや月並みにせよ「法科大学院・法曹養成制度の課題と展望」のほうがヨリふさわしいかと考えて，本書に収めるにあたって改題した。

　ところで頃日，木庭顕「法科大学院をめぐる論議に見られる若干の混乱について」(『UP』42巻2号 (2013)) という注目すべき論

考に接した。木庭教授はローマ法法学者であるが，法科大学院制度は単に法曹養成や司法改革の一環であるのみならず，世界大の高等教育の大きな転換という脈絡にのっているものだとする立場から法科大学院制度を支持する。その論旨は極めて説得力に富むものであり，拙稿が十分に言及し得なかった点にまで及んでいる。氏は，「本格的な法学教育は本格的な（自然科学を含む）哲学・文学・歴史学等々の素養を持つ学生に対してのみ可能である……。ヨーロッパでは伝統的に後期中等教育の高い水準が大学学部での法学教育を成り立たせてきた。」「アメリカでは学部の『リベラル・アーツ』がそれ（上記の基礎的な素養―引用者注）を培養し，結果，大学院レヴェルに法学教育が置かれる。日本の後期中等教育の質は低い（哲学もフィロロジーもしっかり教えられない）から，アメリカ型が適している。」(4頁)と論ずる。諸手を挙げて賛成したい。法科大学院問題を論ずる者にとってこの論考はまさに必読に値する。拙稿を書く時にこれを読むことができたならばと残念でならない（その掲載誌は2013年2月5日刊行で，もちろん時間的に不可能だったけれど）。

　2013年4月9日に開かれた政府の法曹養成検討会議は司法試験の合格者数を年間3000人程度とする政府計画の撤回を柱とした中間提言案を了承し，パブリックコメントを経て7月までに最終提言をまとめるという(東京新聞2013年4月9日(火)夕刊2面による)。残念ながらほぼ予想された経過といえようが，この検討会議の関係者は上記の木庭氏の所論をどのように考えているのか聞いてみたくなる。パブリックコメントを寄せる人たちも事前に是非この論考を熟読玩味して欲しいと願う次弟である。

実は急遽，若干の論述を附加しなければならなくなった。本稿の最終原稿を出版社に手渡した後に，米国のロースクールに関する衝撃的な内部告発の書というべきブライアン・タマナハ著，樋口和彦＝大河原眞美訳『アメリカ・ロースクールの凋落』(2013, 花伝社）が刊行されたのである（原著は昨 2012 年刊行）。訳者樋口和彦弁護士によれば，同書はアメリカのロースクールの現状には以下のような問題があるとする。

「・ロースクール卒業生は膨大な借金を抱える。
　・法律家需要より多くのロースクール卒業生を輩出し続けるので就職困難となる。
　・景気動向とは関係なく法曹志願者は減り続けている。
　・多くの若き弁護士は借金返済のための企業法務を目指す。
　・金持ちでないと法曹を目指せない傾向がある。」（同氏の「訳者あとがき」— 259 頁）

これらのほとんどは一見日本の法科大学院問題にそのまま妥当するかのようにも思える。事実，訳者両氏は「法曹養成・法科大学院が失敗であったという点については意見が一致する。」とのことである (267 頁)。法曹養成検討会議での議論が終わらないうちに訳書を刊行すべく訳業に精励された訳者らには敬意を表するにせよ，わが国の法科大学院制度が失敗であった，というその結論は早計の謗りを免れない。

私自身は法科大学院問題の論議の当初からこれにかなり懐疑的であり（拙著Ｂ　107 頁等参照)，例えば主流的構想の「大きな法科大学院」に対して「小さな法科大学院」を主張し，また米国におけるロースクールの統一的認定基準に類するものをわが国に無批

凡例・初出一覧など　xi

判的に導入するのは極めて問題であることを警告した（拙著A 62-63頁等）。さらに，学生の経済的負担については司法試験「受験生が現在予備校に支払っている以上の出費を必要とせず，また必要最小限度のアルバイトと両立するような制度設計が是非とも必要だと考える。』と力説した（拙著B　103頁）。このような私見の立場からみるとタマナハ氏の内部告発の多くはまことに同感の念を禁じ得ないものである。しかし，日本の司法制度改革の中核（の一つ）を成す法科大学院制度を安易に否定し，法曹養成制度の歴史を逆戻りさせるための強力な武器として同書が利用できると考えるならばそれは間違っている。

　同書は，米国ロースクールのシリアスな問題状況を赤裸々に抉り出し，日本の法科大学院問題を考える場合米国のロースクール，とくに一流のそれに無批判に追従することの不可なるゆえんを詳細に教えてくれる。タマナハ氏（および氏を支援する人たち）の良心と勇気に心から敬意を表するとともに貴重な情報提供に謝意を表したい。そして「低いコストで良質の教育を提供することを使命とすることを維持している州立ロースクールに希望が残されている。」（222頁）という氏のメッセージはわが国の法科大学院の在るべき姿を考えるうえでも有益である。このような法科大学院はわが国では（米国以上に）実現可能なはずである。要するに，同書は貴重な反面教師として熟読玩味されるべき良書であって，それ以上でもそれ以下でもない。（著者自身「法学教育のコストと経財（済？）的見返りのアンバランスを明らかにし，正常に戻す方法を探ること，これが本書の目的である。」と述べている（7頁）。）

　話は変わるが，「裁判官としてえん罪を見抜く才能は必要であ」

り，その「才能を磨くのは，法律学でな」く，「幅広い人生経験であり，また広い教養である。その意味で，法科大学院制度は優れている。社会の各分野の人が法律の世界に入ってくる。」からだと，多くの無罪判決を出したことで知られる原田國男教授（定年まで裁判官）はいう（同『逆転無罪の事実認定』(2012, 勁草書房) 23 頁）。私の刑事裁判の経験はほんの数年に過ぎないけれど，原田氏の意見に全面的に賛同したい。刑事裁判における冤罪防止のためにも法科大学院は有効であることを忘れてはならないのである。

第 2　　法学部教育と司法制度改革―法学部と法科大学院
　初出　「法学教育に対する司法制度改革のインパクト」『法哲学と法学教育―ロースクール時代の中で―　法哲学年報 2006』

　第 2 論文は，2006 年 11 月 25, 26 日に行われた日本法哲学会学術大会統一テーマ「法哲学と法学教育―ロースクール時代の中で―」における「法学教育に対する司法制度改革のインパクト」と題する私の報告の内容をまとめたものである。この統一テーマ報告については事前に報告者全員または一部による報告内容のすり合わせが一再ならず行われ，私自身の報告内容もそれに影響されて多少変化した。また 30 分という厳しい報告時間の制限にあわせて内容の調整をせざるを得なかった。そんなわけで，他の論文のように気楽に自分の考えを書くことはできなかった反面，他の報告者の見解から少なからず有益な教示，示唆を頂戴することができた。ちょっと大げさな言い方だが私にとっては一種の異文化

コミュニケーションともいえ，すこぶる得がたい経験であった。なお参考までに，学会誌掲載の英文要約（同誌 267 頁）も収めた。

（嶋津格教授（当時の同学会理事長）の総括的コメントでは私の報告における法科大学院教育が（敗者の）学生に与える真剣剣法としての危険性に関するかなり詳細な論及がなされているが（同誌 140-141 頁），実はこの部分は事前に提出した報告内容に関する素案では記載したものの，最終報告では割愛した部分に関している。）

第 3　法の担い手の特殊日本的存在形態としての準法曹
　初出　「法の担い手の特殊日本的存在形態」佐々木有司編『法の担い手たち』法文化（歴史・比較・情報）叢書⑦（2009, 国際書院）

『法文化（歴史・比較・情報）叢書』は，実質的に法文化学会の機関誌（国際書院刊行）というべきもので，年 1 回刊行され同学会の研究大会における報告に基づく論文が主として掲載されている。第 3 論文は同学会の第 9 回（2006 年）研究大会のシンポジウムにおける私の同名の報告に基づくが，「法の担い手たち」という大会シンポジウムのテーマの決定にあたっては私が発案者だったように記憶する（同学会の会報 Legal Culture vol. 8 はシンポジウムの「基本構想は萩原金美会員の発案によるもの」という）。ちなみに，同学会の会員は基礎法学とくに法制史の研究者が多く，実定法研究者は稀であるけれど，私は同学会の結成時にその中心人物の一人の真田芳憲博士のお誘いを受けて入会し，爾来会員の末席を汚している次第である（最近まで長年「監事」として会務にも関わった）。

第 4　　日弁連・弁護士界と法科大学院・法曹養成制度
　　初出　「司法制度改革と日弁連新会長 ―日弁連は法曹養成制度の改革を逆行させるのか？」『神奈川ロージャーナル』3 号 (2010)

　第 4 論文の執筆の動機などについては「1　はじめに」に記したとおりであって，改めて付け加えるべきこともない。いうまでもなく本稿の批判は，特定の日弁連会長ではなく日弁連・弁護士界の主流的見解に向けられている。願わくは，日弁連・弁護士界の大勢が渡辺崋山の「眼前の繰り回しに百年の計を忘する勿れ」という言葉を肝に銘じ，過去の賢人に対しても後世の人々に対しても恥ずかしくない言動をとってくれるよう切望する次第である（第 1 論文の「6　結語―この後の者にも」参照）。なお，関連して附録の第 2 論文をご参照いただければ幸いである。

第 5　　ADR 教育と法科大学院
　　初出　「ADR・調停に関するやや反時代的な一考察」小島武司編『大学院講座・日本法制 2010 年　日本法制の改革・立法と実務の最前線』(2007, 中央大学出版部)

　第 5 論文は時期的順序としては最も早く書かれたものである。当時はスウェーデン法の研究に没頭する生活がようやく軌道に乗り出したという気分に浸っていたころなので，せっかく小島博士から執筆依頼を受けながら，諾否の返事を保留していた。それなのに急転直下執筆に踏み切った一つの大きな理由はある会で氏と

凡例・初出一覧など　xv

出会い，そのあとコーヒーショップで雑談をしているうちに，氏の造語という「古稀の特権」なるものを耳にしたことによる。氏によれば，古稀に達した学者，研究者は何を書いても許されるのだ，自分も間もなく古稀になるので大いにこの特権を享受・行使したいとのことであった。（小島編・前掲書270頁注5参照。）しかしそれからまだ10年も経っていないが，今では男性の平均寿命さえ80歳に達する勢いで，「古稀の特権」などおこがましく，かろうじて「傘寿の特権」ならば許されるかも，という時代に突入している。そうして小島氏自身その後間もなく桐蔭横浜大学の学長に就任し，爾来古稀，傘寿のいずれにせよその特権を享受する時間など全く得られない多忙な生活を送っている。が，それはそれとして，あのとき氏のいう「古稀の特権」に心を動かされ，これに藉口して本論文を執筆したのは正解だったと痛感する。氏は「おだての名人」「人使いの名手」なのかも知れない。本論文の作成については小島氏に心からの謝意を表すべきだろう。

　こんなわけで，本論文には「古稀の特権」意識の過剰な発露ゆえに論文作法の常識に反したり，やや浮かれて筆が走り過ぎた箇所が散見したりする嫌いがあるけれど，それは多かれ少なかれその後の私の全ての著述に引き継がれているようである。それが読者の顰蹙を買うか，老年の書き物のご愛嬌としてご寛恕いただけるかは別として──。

（本書の原稿を中央大学出版部に手渡した直後，小島氏からその著書『民事訴訟法』（2013，有斐閣）の恵送にあずかった。なんとほぼ1000頁に達する大著である。80歳に近く大学の学長として多忙を極める日々を送っている人に，これほどの重厚な学問的業績の達成が

いったいどのようにして可能になったのか信じがたい思いだ。しかも氏は法学者にしては例外的に広範かつ強烈な知的好奇心の持ち主なのだ。私は氏に会うたびに全く未見の他分野の著作（例えば文壇に登場したばかりの若手作家の小説）について彼が熱っぽく語るのを拝聴している。本書のごとき雑文集を刊行するのが気恥ずかしくなった。が，気を取り直して思えば「蟹は甲羅に似せて穴を掘る」という。菲才の私は私なりに自分で出来る仕事を進めるしかない。）

附　録
第1　行政改革と司法制度改革
初出　「わが国への国会オンブズマン制度導入の可能性――スウェーデンの国会オンブズマン制度からみた課題――」『行政苦情救済＆オンブズマン』Vol. 23（2012）

　図らずも日本オンブズマン学会から初出時の原題の講演を依頼されたことが行政改革と司法制度改革との近似性，関連性を深く考える契機になった。正直のところ講演を引き受けた当初は同学会関係者のおだてについ乗せられてしまったという後悔めいた念が脳裏を去来したことを否定しないけれど，現在では良い勉強の機会を与えていただいたと感謝している。本稿は少なくとも附録としてならば本書の一端に収める意味があると考える。

　「1．はじめに……」で言及した参加民主主義の重要性については神門善久『さよならニッポン農業』（2010，NHK出版生活人新書）178頁以下も参照。この著者は土地利用に関する参加民主主義と

いうユニークな提言を行っているが，農家に生まれ農業学校（現農業高校）を出た私にはその重要性（と同時に難しさ）が切実に理解できるような気がする。なお，著者はその主張の論拠として裁判員制度を援用していること（179頁）に注目すべきである。

また最近，ADR論に詳しい大澤恒夫教授（弁護士）の「鞆の浦ミディエイション『社会資本整備をめぐる合意形成』及び『熟議民主主義』からの示唆を交えて」『法制研究』79巻3号（2012）という論考に接した。この論考でも「社会資本整備における合意形成」におけるファシリティタの重要性に関連して裁判員裁判における裁判長もまた優れたファシリティタであることが求められることが指摘されている（617頁）。また，そこで説かれる熟議民主主義はあえて素人がラフな断定をすれば，参加民主主義の一つの高度な形態とみることができるのではないか（政治理論としてはこんな言い方は慎むべきだろうが——例えば，森政稔『変貌する民主主義』(2008，ちくま新書）255頁参照）。月なみな表現だが，司法制度改革と行政改革とは車の両輪なのである。

第2 司法制度改革と弁護士自治——大野正男『職業史としての弁護士および弁護士団体の歴史』を読む——

初出 「解説・大野正男『職業史としての弁護士および弁護士団体の歴史』」大野正男『職業史としての弁護士および弁護士団体の歴史』（2013，日本評論社）

温故知新という意味で同書は司法制度改革を考える者にとって熟読玩味すべき内容に満ちている。この解説を糸口にして同書自

体を読んでくださることを切望したい。なお，この解説の校正については初校の機会しか与えられなかったので，本書への収録にあたって初校後に気付いたやや不適切と思われる二，三の字句等の修正を行った。

目　　次

はしがき

凡　　例

初出一覧など
（各論文の執筆の動機その他――本書をヨリ良くご理解いただくために）

第1　法科大学院・法曹養成制度の課題と展望.................1
1. はじめに――四面楚歌の法科大学院　1
2. 法科大学院は「この国のかたち」を変える
　　――「縦社会」から「横社会」への転換の担い手　4
3. 法科大学院か，法学部か
　　――究極的な選択・その1　12
4. 法の担い手の特殊日本的存在形態（法曹と準法曹との併存）をどうするか？
　　――究極的な選択・その2　19
5. 補　論
　　――法科大学院出身者を待つ多様な職域　25
6. 結　語――この後の者にも　31

第2　法学部教育と司法制度改革
　　　　――法学部と法科大学院――　.................61
1. はじめに　61
2. 法学部教育に対するインパクト　62

3. 法科大学院教育と法哲学　68
The Justice System Reform and its Impact on
　　　Legal Education　74

第3　法の担い手の特殊日本的存在形態としての準法曹……77

1. 法の担い手をめぐる語義の多様性　77
2. 準法曹とその法規制の現状　82
3. 比較法瞥見　85
4. わが国における準法曹制度の系譜　86
5. 政治的・社会的文脈における準法曹
　　　――その光と影　88
6. 法科大学院制度と準法曹　91
7. ADRと準法曹　92
8. 結　語
　　　――司法制度改革の帰趨と準法曹の行方　94

第4　日弁連・弁護士界と法科大学院・法曹養成制度……103

1. はじめに　103
2. 立候補の背景・動機について　104
3. 宇都宮氏の司法制度改革論と司法政策――その1　105
4. 宇都宮氏の司法制度改革論と司法政策――その2　109
5. 結びとして――究極的には何が問題なのか？　111

第5　ADR教育と法科大学院……………………………121

1. はじめに——なぜ，そして何を論ずるのか？　121
2. ADRと法の支配との矛盾・相剋　122
3. 調停の今日的問題点　129
4. ADR・調停の行方——結びに代えて　135

附録 第1　行政改革と司法制度改革……………………………157

1. はじめに
    ——司法制度改革と行政改革との近似性　157
2. システムの基本的在り方を考える　158
3. 一つの制度設計試案　163
4. おわりに——永久革命としての行政改革　167

第2　司法制度改革と弁護士自治
　　——大野正男『職業史としての弁護士および
　　　弁護士団体の歴史』を読む——　…………177

跋　……………………………………………………………191

第1

法科大学院・法曹養成制度の課題と展望

1. はじめに――四面楚歌の法科大学院

　法科大学院は今や危急存亡の秋を迎えているようにみえる[1]。2012年4月20日総務省は，司法試験の合格者数を年3千人に増やし，法曹人口を計5万人程度にするとの政府方針を下方修正するよう法務省などに勧告した。これには法科大学院の定員削減や統廃合の必要性も含まれている。

　この勧告内容自体は従来から提起されている日弁連・弁護士界などの主張とも軌を一にするものであり，驚くには当たらない。おそらくはこれに対する真剣な反対は勧告先からも起きないのではないか。しかし，私にはこれは実に異様な所業と映ずる。行政府の一部門に過ぎぬ総務省（の一部局）が政府の正式に決定した方針，しかも司法の根幹にまで影響を与えかねぬ重要問題についてこのような勧告を出したのである。たしかに総務省（行政評価局）は「各府省の政策について，評価専管組織の立場から評価を実施し，政策の見直し・改善を推進」する職務権限を有する。だが，

この勧告は意識的・無意識的に司法制度改革を崩壊させ，ひいてこれと連動してなされるべき行政改革[2]を阻止し，自らの現状を温存することに寄与するという反動的な効果をもたらすものなのである。その形容を絶する危険性は声を大にして指摘されなければならない[3]。

法科大学院の創設は，裁判員制度の導入およびいわゆる法テラスの発足とならぶ司法制度改革の三本柱の一つとされる。そしてこの三つの中で法科大学院の創設すなわち法曹養成制度の根本的改革＝法曹人口の飛躍的増大こそは，裁判員制度や法テラスがその所期の機能を十全に果たしうるために不可欠の前提要件を成すものであって，それが危殆に瀕することは，とりもなおさず司法制度改革全体の帰趨に決定的な負の影響を与えかねないのである[4]。のみならず，後述するように法科大学院制度はいわゆる縦社会から横社会への転換を容易にし，この国の積年の通弊である縦割り規制行政[5]を廃絶できる起爆剤としての大きな可能性を秘めている。この意味において法科大学院制度はまさに司法制度改革審議会（以下「司法審」という）意見書のいう「この国のかたち」[6]を変える力の源泉そのもの，まさに日本の将来に対して掛替えのない貴重な遺産の提供というべきものなのである。（この点はその重要性にかんがみ 2. で再説する。）遺憾ながら法科大学院問題をあげつらう論者は意識的・無意識的にこの大事を無視ないし看過する近視眼的誤りを冒している。上記の総務省勧告ももちろんその例外ではない。

私は司法審意見書が発表された当時，「最悪のシナリオを考えると，日本の法曹養成制度は異常な長期間（法学部＋法科大学院＋

第1　法科大学院・法曹養成制度の課題と展望　3

司法修習），コスト高，品質粗悪という三大欠陥を抱え込んだ制度に堕しかねない危険をはらんでいることを警告」した[7]。その私が今ここに四面楚歌の法科大学院に対して擁護論を声高に主張しようとするのは，法科大学院存亡のシグナルの作動はすなわち司法制度改革大崩壊の最大の予兆に他ならないからである。

　法科大学院発足と時を同じくして73歳で法学教育の現場から退いた私は，傍観者の身は法科大学院を含む司法制度改革の諸問題に関する無責任な発言は禁欲すべきだと考え，主にスウェーデン法の研究に没頭する日々を送ってきたのだが，裁判法研究者として長年取り組んできた司法制度改革とりわけ法科大学院問題に関する関心，懸念は一日も脳裏を離れたことがない。スウェーデン法研究の仕事を進める中で法科大学院について「この壮大な社会的構築物が既にして重度の変質過程にあることは紛れもない」というような重大・深刻な発言[8]などを耳にして心が休まらず座視しがたい思いを感じざるを得なかった。

　幸いというべきか，別に意図的にスウェーデン法と司法制度改革という二つの問題への取組みという両面作戦を敢行したわけではないのだが，諸般の事情に迫られてスウェーデン法研究の合間に法科大学院に直接・間接に関連する若干の論稿を発表してきた[9]。わが晩年における「スウェーデン法三部作」を刊行し，スウェーデン法研究者としての一応の義務（と自分で考えるもの）を果たし得た現在，上記諸論稿を踏まえて法科大学院擁護のためのささやかな論陣を張ろうとするのが本稿の意図である

　司法審会長であった佐藤幸治博士の著書に白洲正子氏の「一人の力ではどうにもならぬものである。だが，一人の力を信じなく

て何ができるというのだろう」という言葉が引かれている[10]。昨今のわが国の混迷を極める政治・経済・社会状況をみるにつけ個人の無力さを痛感する。私ごとき老耄の一研究者の発言が果たして法科大学院擁護に何か意味をもちうるのか甚だ心許ないけれど，この国のヨリ良き明日のために，法科大学院で学ぶまたは学ぼうとする現在および将来の学生諸子のためにどんなに些少でもプラスになりうることをしておきたい。そんな思いに駆られ白洲氏の言葉の真理性を信じて本稿を世に問う次第である。

（カオス理論の「バタフライ効果」によれば，アフリカ大陸で羽ばたく一匹の蝶の羽が生み出す振動がアメリカにハリケーンを引き起こすことだってあり得ないではないといわれる[11]。本稿がこの一匹の蝶の羽の役割を果たしうるかも知れないのである[12]。）

2. 法科大学院は「この国のかたち」を変える
——「縦社会」から「横社会」への転換の担い手

法科大学院の教育と司法試験等との連携等に関する法律（いわゆる連携法）附則2条は，同法施行から10年を経過した時点（平成25年4月）における見直し条項を置いている。それまでにはまだ2年ほどの時間的余裕があるものの，法科大学院をめぐる諸般の厳しい状況にかんがみロースクール研究17号（2011年5月刊行）は「司法制度改革審議会意見書の10年」と題する特集を組んでいる。そこでは法科大学院協会理事長・青山善充教授のものを始めとする4篇の論考が掲載されている。

司法審意見書からみた法科大学院の現実と課題を論ずる青山氏の論考に触発されて本節でも法科大学院設置の前史をいささか回

第1　法科大学院・法曹養成制度の課題と展望　5

顧してみたいと思う。大袈裟な言い方だが，温故知新ということもある（この国の法律家の世界は健忘症患者で溢れているのだ[13]）。実は法科大学院の設置・発足にあたって意識的・無意識的に放置された諸問題が法科大学院の今日の惨状を招いているからである。

　そもそも法科大学院創設の提案は大学の外からなされたものであり（その火付け役というべき存在は柳田幸男弁護士）[14]，大学ヨリ具体的には法学部教員は法科大学院の設置に決して積極的ではなかったこと，しかるに司法審が設置され，法科大学院創設の問題が俎上にのぼるや否や多くの大学が法学部のそのままの存在を前提とする自己防衛の色彩が極めて濃厚な法科大学院構想を次々と提案したことが指摘されなければならない。法学部廃止という根源的な提案をした大学は皆無であった。（私はこれを大学案は右手と左手が正反対のことをしているのと同じに思えると評した[15]）。

　このことについては現在では大学人（法学部教員）の間にも多少の反省がみられるようである。瀬木比呂志氏（当時判事，現在は退官して法科大学院教授）の著書における以下の記述はその一端を示しているといえよう。

　「研究者の方々からも『……大学においても，たとえば文部科学省の意向を伺うような傾向，習性』が存在し，『その根は日本社会の保守性，権威主義的傾向といった構造的な問題……にあるのかもしれない』との意見があった」[16]。

　「研究者のうち相当部分からも，『大学は，今回の制度改革に対しておおむね受け身の対応に終始し，大学自身が，法学教育・研究の問題を主体的に考え，克服するための制度として法科大学院制度をとらえてこなかった（各大学がまずはみずからの生き残りの方

向へと走ってしまった）傾向は否定できないと感じる』との感想をお聴きしている」[17]。

　法科大学院をめぐる論議の中で当時の太田誠一総務庁長官は，「国家公務員の法律職という試験は司法試験と同じものであっていいのではないかということを考え」ていると示唆的な発言をしている[18]。そして柳田氏，田中成明，阿部泰隆両教授は同様の意見を明確に表明している。すなわち，柳田氏は「国家公務員１種試験のうち法律職の試験については，司法試験をもって代えることにする。」ことを提案し，田中氏は「国家公務員の法律職などは，司法試験と一体化し，法曹資格保持者が行政にも進出する方向に向かうべき」だとし，阿部氏は「国家公務員上級職試験の法律職を廃止し，官庁は法律職としては司法修習を終えた者から優秀な者を採用すべきである。」と主張する[19]。全く正当な意見であり，これが採用されていれば，わが国における法の支配の確立は大きくその歩を進めたことは明らかである。しかし，明治以降確固として存続してきたわが国特有の疑似的法の支配の担い手の中枢を揺るがすこのような改革を司法制度改革の中で実現することは容易ではないので，私自身は「三氏の意見に大賛成なのだが，そう簡単にゆくかどうか楽観できない。強力な政治主導を期待するゆえんである。」[20]と述べて，太田氏やこれに同調するであろう政治家諸氏（とくに法曹有資格者）の影響力に大きな期待を寄せたのであった。

　しかしこれに関する事態はなんら変わっておらず，司法試験と公務員１種試験（以下，上級職試験という）とは全く別個独立のままである[21]。

太田氏は最近政界からの引退を表明しており，現在の国会議員の中に太田氏と同様の卓見を有する人が存在することを私は寡聞にして知らない。田中氏は現在文部科学省の法科大学院特別委員会の委員（座長）であるが，その立場から可能な限り自説の正当性の主張・実現に努めて欲しいと願わざるを得ない。

ところで，上級職試験の合格者そして各省庁の最終的採用者の大部分は東京大学および京都大学の各法学部の出身者である。両大学に法学部が存在しなければ上記の問題は難なく解決してしまうであろうことは明らかである。ここに法学部の存在が法科大学院問題＝法曹人口問題の大きな障害の一つ──実は最大の障害──であることが看取されるのである。

上級公務員法律職の採用者が法科大学院出身者であるべきことの重要性について，司法審の審議の過程で，私は以下のように論じた。

「彼らはそれぞれの中央省庁における関係法令の立案に携わり，通達類の作成を行い，法規の解釈・執行に重要な役割を演ずる。内閣法制局の参事官（補）も各省庁から出向するのが通例のようである。彼らが法学部教育しか受けていないのでは，法の支配にとって大きな悪影響があると考える。法は単に行政目的の実現に資するものではなく，また，論理的整合性を完備しているだけでは足りない。それは国民にとって権利の主張・実現の手段としての実効性を備えていることが肝要である。そのためには，裁判手続の実態にまで配慮した立法（案）作業が必要であり，そのような能力を身につけるためには最低限，法科大学院での教育と司法修習を経ることが必要であろう。これまでその必要が感じられな

かったのは，そもそも行政訴訟の提起が原則的な事態と認識されていなかったからではあるまいか。通達類と行政指導だけで足りるならば，精緻な形式的法律論理を駆使できるだけの能力でこと足り，優秀な法学士で十分だからである。」[22]

東日本大震災およびそれによる福島第一原発事故とこれに関連する事故処理その他の様々な出来事が日増しに明らかにしつつあるのは，わが国の擬似的法の支配，その制度的表現ともいうべき縦割り規制行政のもたらした積年の弊害だといってよい[23]。この弊害の認識は少なくともバブル崩壊後は心ある多くの観察者に共有されてきたことといってよいと思うが，3・11とその後の出来事はこれを白日のもとに晒したのである。

古賀茂明氏は「天下り」が全ての制度の改革を阻む根本原因だと指摘するが[24]，天下りを現実的に可能ならしめているのは縦割り規制行政なのである。また，公益通報者保護法が全く空文化しており，内部告発が国家・社会の浄化機能を果たし得ない根源にもわが国の公私の組織のガンジガラメの縦社会的構造，それを支える縦割り規制行政の存在が看取されるといってよい。

（ちなみに，千葉恭裕氏（人事院人材局審議官）の論考によれば，法科大学院出身者で上級職試験を受験する者について合格率は高いが採用率は非常に低いとのことで，その理由の一つとして「自分としてはぜひとも志望する省庁の中に入って実力を発揮してみたい，熱意や説明力をしっかりアピールしない限りは，残念ながら採用には結びつかない。」と説明されている[25]。この説明は一見もっともなようであるが，私としてはいささか異論を有する。当初から特定の省庁入りを熱望している者が必ずしも公務員として適格だともいえない面があるのではないか。なぜなら

ば，このような若者は容易に周囲の悪しき洗脳を受けて省益すなわち国益と即断し，国民の利益に反する既得権益の擁護者と化してしまうおそれのある，いわば既得権益の立場からの期待と願望に容易に応え得る従順な公務員志望者でしかない可能性がある。それに激動する時代の推移の中で行政組織も不断に変化せざるを得ないから，あまりに硬直した特定の既存の組織への帰属意識の保持者は公務員としてむしろマイナスな面もあるのではあるまいか[26]。）

　法曹資格を有する法科大学院出身者はキャリアの途中で組織を飛び出してもその資格と経験を活用して再生の道を比較的容易に見出すことができる[27]。本人にとってはもちろん国家・社会にとっても貴重な人的資源の有効利用としてすこぶる望ましいことである。そういう法曹資格を有する者の転職の現実的可能性が，次第に縦社会のこの国を横社会に変えて行く。（新聞記者も法曹資格を有する者は転職の可能性が高いから，マスゴミと批判・蔑視される大新聞やテレビの論調も大きく変化せざるを得まい。）その変化は緩慢にあるいは急激に生ずるだろうから，軽々な予測を許さないけれど，遅くとも1世代30年を経たこの国は現在の縦社会から横社会に実質的に転換していることだろう。法科大学院は今まさにこの転換の重要な担い手を創出しつつあるのである。法科大学院の廃止や縮小を主張する論者はこの理を悟るべきである。このことを切言しておきたい。

　他方，意見書の所期する法科大学院による法曹の大量養成に対しては，それが伝統的な弁護士業務への経済的直撃に連動する面があり，日弁連・弁護士界の側からの切実な反対論は今や悲鳴とも聞こえる。弁護士急増が既存の弁護士に与える影響の深刻さに

ついては，例えば河野真樹『大増員時代の弁護士 弁護士観察日記 PART 1』(2011)，『破綻する法科大学院と弁護士 弁護士観察日記 PART 2』(同)『司法改革の失敗と弁護士 弁護士観察日記 PART 3』(2012)(いずれも共栄書房)が活写している。私自身も実務にはほとんど関与していないにせよ長年弁護士登録を続けている者であり，裁判法研究者といっても徒らに大所高所からの理想論を振りかざして現実の弁護士たちの窮境に目を覆うつもりは毛頭ない。

河野氏は多年『週刊法律新聞』の編集長を務めた人であるから，おそらくこの改革が既成の弁護士たちに与えつつある深刻な影響について最も豊富な情報を有していることだろう。そしてその立場から氏は，著名法学者や大新聞などが描く法科大学院支持論に対して厳しい批判論を展開している。私は司法評論家とでもいうべき氏の活動に注目しており，多くの弁護士現場の声を率直に代弁していると感じられる氏の所論の正当性を一部是認することに吝かでない。しかし残念ながら氏の議論には，上述した法科大学院が「この国のかたち」を変える大きな可能性に対する視点が脱落していることが惜しまれる。が，たぶんこれは氏の意識的な選択なのだろう。氏はあえて鳥の目を捨てて虫の目にこだわり，市井・町場の弁護士に密着した司法ジャーナリストであることを大切にしているのではないか。それはそれでリスペクトに値する仕事だと思う。いずれにせよ，氏の仕事は裁判法のフィールドワークともいえる面があり，裁判法研究者にとってすこぶる有益である。好漢自重せよ！ とエールを送りたい[28]。

日弁連・弁護士界の増員反対論に対する批判については，拙稿

「司法制度改革と日弁連新会長―日弁連は法曹養成制度の改革を逆行させるのか？」（神奈川ロージャーナル3号（2010））に書いたことをそのままここに援用して再説を避ける。その後，日弁連会長は激烈な選挙の結果変わったけれど，法科大学院問題＝法曹人口問題に関するかぎり新旧両者にどんな違いがあるのか不敏な私には不明である[29]。

　ただ，最後に私の率直な心情を少し吐露しておきたい。

　司法審意見書を読んだとき，意見書は結果的に（意図的とは思わないが）弁護士制度と大学の法学教育という二つの攻撃しやすい部分に改革の集中砲火を浴びせたのではないか，という複雑な思いが私の脳裏を去来した。これを前置きとして私は以下のように書いた。

　「弁護士制度も大学も強固な自治に守られており，ことの性質上改革なるものは内部からは極めて困難だから，自治はしばしば改革を阻害する原因の温床となる。この意味では審議会という第三者による大手術もやむを得ないといえよう。しかし矛盾したことをいうようだが，大学はもちろん弁護士制度も外部からの圧力にすこぶる弱い面がある……。弁護士制度や大学の改革については慎重な配慮が求められるといわなければならない。」[30] 今でもそう思っている。

　およそ改革というものは痛み（しかもしばしば激烈な）を伴う。その痛みが必ずしもフェアに分有されるわけではないのが問題だが，それは改革が人間の営為である以上ある程度まで不可避的と諦めるしかない。弁護士自治や大学自治（実際には教授会自治）の濫用が今日の自らの窮境を招来したのだ，という謙虚な反省も必

要ではあるまいか。(大学自治のことは次節で扱うべきだろうが, 叙述の関連上ここで言及した。そもそも 3. と 4. とは同じ盾の両面というべき問題を包蔵しているので論述が未整理との印象を与えるかも知れないが, 問題の性質と私の能力の貧困にかんがみご了承を乞うほかない。)

3. 法科大学院か, 法学部か——究極的な選択・その 1

法科大学院は米国のロースクールをモデルとしているようにみえる[31]。少なくとも比較法的にみて世界の法学教育・法曹養成制度の中で法科大学院に最も近似しているのは米国のロースクールである。しかし米国には学部レベルにおける法学教育は存在しない。したがって, 法科大学院創出の論議においてまず問題とされるべきであったのは既存の法学部と法科大学院との関係, 具体的には法学部をどうするのかということであったはずである。しかし奇妙なことにこのような議論は皆無に等しいのである[32]。

私自身は法学部の廃止など現実的にはとうてい不可能なことにかんがみ, 法学部が法を中心とした一般教養学部または (および) 一般教養 (前半) + 中級法律職のための徹底した職業教育 (後半) に変身することを試論的に提言した[33]。しかし, 賛否は別としても私見に真剣に耳を傾けてくれた人を知らない。論者は法科大学院と法学部との教育上の役割分担という難問をどう考えていたのか, あるいは何も考えていなかったのかも知れない。だとすれば, その思考停止ぶりは理解しがたいものがある。私は自己の提案に関連して次のように述べた。

「全国各大学における法科大学院に関するシンポジウムが引っ切り無しに行われている。関係者の真摯な努力を認めつつあえて

直言するが，筆者には壮大な時間とエネルギーの浪費としか思われない。このことはシンポジウムに招かれる講師の顔触れが一部固定していることからも明らかだと思う。本当に法学教育，法曹教育を改革したいならば，他にもっと考えるべきこと，やるべきことがあるのではないか。／かつて山本七平氏は『「空気」の研究』(1977, 文藝春秋／1983, 文春文庫) というユニークな著作を書き，日本における重要な意思決定（戦争を含む）が「空気」による決定であることを解明してみせた。いま法科大学院に関する大学（人）の言動を目撃して山本説の正しさが例証されていることを痛感せざるを得ない。日本的知性の限界を思い知らされた気がする。この問題と真剣に対決することなしには，司法制度改革は結局この国に豊かな結実をもたらさないのではないかという不吉な予感さえ覚える。この率直な感想をあえて記しておく。」[34)]

これを書いたのは20世紀最後の年すなわち2000年のことだが，十余年前の不吉な予感は今まさに現実化しようとしている。誤解を避けるため断っておくが，私は決して徒らに他者を批判するためこんなことを書いているのではない。（私だって当時，大学経営・運営の責任の一端を担うような立場にあれば，生き残り策として同様のことをしたかも知れないのである。）司法制度改革の所期の目的を実現するために同じ誤りを繰り返して欲しくない一念からの所為である。

この文章に続けて私はこう書いた。「われわれは『進むも地獄，退くも地獄』というべき厳しい状況の中にあると思う。だとすれば，座して自滅の道を選ぶのではなく，死中に活を求めて改革の道を前進するよりほかないのではないか。今こそいわば悲観的な

楽観主義が必要なのである。」[35] しかるに，法科大学院発足前後の時期の大学関係者などの間には能天気な楽観主義が瀰漫していた。例えば，学生に対する経済的影響の問題についても実に雑駁で安易な議論しかなされていなかったのである[36]。

司法制度改革が所期する法曹養成を実現するためには法科大学院の入学者は法学未修者を原則とする必要がある[37]。そうでなければ多様な人材を法科大学院ひいて法曹界に集めることはできない。ところが，法科大学院には未修者のほか，既修者および隠れ未修者が存在する。そして三者は全く同一の条件のもとに司法試験を受けるのである。これは明らかに極めてアンフェアだといわなければならない。しかも新司法試験は旧司法試験以上に筆記試験重視にこりかたまっているのみならず，その筆記試験なるものの主流はなお旧司試式の試験，つまり長年かけて記憶してきた知識の吐出しで対処できる試験だといわれる[38]。

その結果として何が現実に生じているのか。久保利教授（弁護士）によれば，「もはや真正未修者は絶滅寸前である。真正未修者の司法試験合格率の低迷と増員の停滞に，多様性の担い手たる真正未修者自身がたじろいでいるのが現実であろう。」とのことである[39]。

そして久保利氏は，新司法試験について「法務省と司法試験委員会が新司法試験と法科大学院の意義を理解していない」として次のように述べる。「短答式試験という記憶とスピードを競う試験が存置されたままで司法試験法が改正されず，合否決定の総合点にも算入するのは，法務省や司法試験委員会の意識が旧試験から抜け出ていないからである。未修者を標準とする以上，その法

律知識の範囲や，深度を従来とは異なった基準で判定」すべきだ[40]。この主張は，短答式がまだ存在しないころの旧試験の恩恵で短期間に合格できた私の個人的経験に徴しても全く正当だと思われる。

また米倉教授は現状の改革案として，①司法試験の競争試験から資格試験への移行，②受験者はすべて真正未修者ばかりとすること（具体的には法学部の廃止），③適性試験および短答式試験の全廃等々を挙げる[41]。

ところで，久保利氏も米倉氏も法学部の廃止を割合容易に考えているようである（両氏とも韓国の例を引くが，これについては本節の最後で触れる）。しかし法学部の廃止は難事中の難事であり，おそらく最大の抵抗勢力は法学部教員（法科大学院の研究者教員を含む）である。私が法学部に対して法を中心とする一般教養学部および中級法律専門職のための職業教育を行う学部に脱皮することを求めたのは法学部廃止という大学経営上の激震を生じかねない一大難事についてなるべくソフトランディングの道を探索することに苦慮した挙げ句の提案であった。だが，上述したとおりこの提案に耳を傾けてくれた人は管見のかぎり皆無である。

（なお，以上はいわゆる普通の法学部＝平均的法学部を前提にしたものである。ごく少数の「エリート官僚養成機関としての法学部」あるいは「法学部におけるエリート官僚養成面」は法科大学院に完全に転換すべきである。）[42]

しかし，今や法学部が生き残るためには上記私案のような対策を講ずるほかないのではあるまいか。法学部を廃止し，大学経営を破綻させ，教職員を路頭に迷わせることを避けようとするなら

ば。したがって，この私案をベースにして法学部にとっていわば緊急避難ともいうべき措置をとることが必要だろう。やや詳言すれば以下のとおりである。

〈法科大学院再生の道は，真正未修者中心の法曹養成機関として自己を確立することである。これがアルファでありオメガである。〉

真正未修者を法科大学院に呼び寄せるためには，大学が隠れ未修者の問題をはっきり清算しなければならない。法学部出身者については原則として未修者としての入学を厳しく禁止する。例外的に上記私案のような構造改革を行った法学部の出身者についてのみ卒業後一定期間が経過し，その間に一定の有用な社会生活・職業経験を獲得している場合（例えばNPOなどでの活動）に限って未修者としての入学を認める。このようにして法科大学院を未修者中心にすることができ，かつ既習者のグループの中から中途半端にだらだら法律だけの勉強を続けようとする知的好奇心の貧弱な法学部出身者（法律専門バカ候補生）を排除できる。

これは"法科大学院・法学部による法学部の脱法学部化"とでもいうべきものである。

法学部出身者は法科大学院において隠れ未修の道を閉ざされ，ひいて司法試験において有利な取扱いを受けることができなくなる。その結果として生ずる未修者とのフェアな自由競争の場で生き残ってゆかなければならない。これでは法学部の魅力は法曹志望者にとっては半減いや消滅してしまうかも知れない。しかし，大部分の学生にとって現状の法学部はほとんど「サラリーマン（公

第1　法科大学院・法曹養成制度の課題と展望　17

務員を含む広義での）学部」と同意なのだからそれで別に問題はないはずである。問題は，法科大学院による真正な法曹養成教育の阻害要因となる法学部の不当な影響力を限りなく無化することなのである。

　このあたりが法科大学院と法学部とが併存して発展できるための現実的方策ではあるまいか。この程度の改革でも大学はためらうかも知れない。しかしその先に待ち受けているのは両者の共倒れかどちらかの破産宣告だろう。それは自業自得というべきであるが，その直接の犠牲者は学生たちであり，長い目でみればこの国の未来である。犠牲者を出さないために出来ることは何でもするのが大学人のノーブレス・オブリージのはずである。

　大学側のこのような自助努力と並行して，文科省，法務省，最高裁の側（日弁連も協力）においては，適性試験および短答式試験の改善（なるべくならば全廃）に努めるべきだ。これらの試験については，私は米倉氏の意見に同調したい。これらの試験は学生に無用・過大な時間と費用を要求し，法曹の資質の向上にあまり資さないと考えられるからである。どんなに難解な試験であっても平気でクリアする能力を示す受験秀才が存在する。しかし，試験には必ず正解が存在するけれども，現実の社会において生起する問題にはしばしば正解が存在しないのである。法曹の能力が真に試されるのはこのような正解が存在しない法律問題の処理においてである。そんな場合に輝ける受験秀才が果たしてどれほど役立つか疑問である[43]。

　なお，司法研修所教育については必ずしも必要的なものとせず，訴訟を中心とする法律実務を目指す者以外については弁護士事務

所その他における実務修習をもって代替できることにしてよいと思う[44]。ただ，司法研修所教育は戦後司法の貴重な成果の一つであり，その今後の在り方については慎重な検討が望ましいと考える。

（ちなみに，司法試験予備試験については，主として経済的理由により法科大学院教育を受けることができない人々に対して司法試験受験の機会を与え，法曹界に入る道を開くという，その本来の目的・機能に厳しく限定した運用がなされるべきである。予備試験の実施によって法科大学院は亡び，栄えるのは法学部と予備校という結果を招来するならば，予備試験の拡大的運用の関係者は「この国のかたち」を変える司法制度改革の失敗の重要戦犯として厳しく断罪されなければならない。）

さて，お隣りの韓国においても日本と同様に一連の司法制度改革が進行しており，それはおおむね日本のそれを反面教師として制度設計がなされているようである。そして，その「法律専門大学院」の設置にあたっては法学部を有する大学はこれを廃止することが要求され，最大のエリート校であるソウル大学も苦渋の選択の結果法学部を廃止したと伝えられる[45]。わが国でいえば，東大が法学部を廃止し，法科大学院を設置したに等しいといえよう。その英断には心から敬意を表したいと思う。しかし，私が消息通の某氏から聞いたところによれば，既存の法学部はその名称を「政治経済学部」「政策学部」等に変更したのみで，法学部の実態はほぼそのまま存続しているとのことである[46]。韓国の法学部廃止ということの具体的内容についてはヨリ精密な検討が必要だろう。

だが，隣国のことはそれとしてわれわれはこの国の法科大学院

が存続・発展していく道を必死で探求しなければならない。「弁護士の多様性（すなわちそういう弁護士を輩出する法科大学院——引用者注）をあきらめたら日本はおしまいである」とは久保利氏の至言である。私の脳裏にはこの言葉が雷鳴のように響いてくるのである[47]。

4. 法の担い手の特殊日本的存在形態（法曹と準法曹との併存）をどうするか？——究極的な選択・その2

わが国にはおおかたの欧米諸国には存在しない弁護士以外の法的業務を行う職種が存在する。司法審意見書はこれを「隣接法律専門職種」とよぶが，私は「準法曹」と称しており，司法書士，行政書士，弁理士，税理士，社会保険労務士を含めて考えている（同意見書は土地家屋調査士も含めている。）[48] そして法学部は準法曹（およびその予備軍）の主要な大量生産工場として機能してきた。

疑似的法の支配の担い手である「準法曹」の大量生産工場として機能する法学部の存在は，必然的に法科大学院の正常な発展を阻害し，法の支配の実現に大きな負の影響を及ぼすことになる。法学部教育が日本の法と学問の歴史において大きな役割を果たしてきたことは承認されるべきであるが，その負の側面としてそれが疑似的法の支配を強化する機能を営んできたことも率直に認めなければなるまい。しかし法学部関係者は意識的・無意識的にこの冷厳な事実を看過ないし忘却しているのである。（ここでいう準法曹（予備軍）の大量生産工場としての法学部は，前節で論じた法科大学院教育の阻害要因としての法学部とは一応別個異別の問題である。それにいうまでもなく，準法曹は法学部出身者であることを要するわけで

はない。)

　それはそれとして，準法曹問題を考えるときはとりわけ複眼的な考察が要求される。われわれはそれが国民に対する法的サービスの面で有してきた，そして現に有するメリットにも十分に留意しなければならない。準法曹はしばしば，安価でかつ分野によっては法曹よりも適切な法的サービスを提供することができる。行政は巧妙に準法曹のこのようなメリットとこれに対する国民のニーズに対応し（ときにこれを先取りして）自己の権益の確保，拡大のために利用してきた面がある。具体的には当該省庁の権益の拡大強化，職員の天下り先（再就職の場）の確保，国政選挙の場合の準法曹団体の集票マシーンとしての機能などが挙げられる[49]。

　わが国における法曹人口の問題を考えるにあたってはこのような準法曹の存在を不可避的に顧慮しなければならない。準法曹の仕事の多くは諸外国では弁護士が行っているものであり，その数は弁護士よりも遥かに膨大だからである。数年前の統計数字であるが，その総数は実に20万名に近く，税理士だけで約7万名に達するのである[50]。しかるに，司法審意見書はこれを怠り，ほとんどすべての論者は意識的・無意識的にこの問題を取り上げることを回避してきた。現在の司法試験合格者の数（の制限）に関する議論の根元にはこの問題が盤踞していることを明確に認識する必要がある。

　実は一度だけ準法曹問題が日弁連によって真剣に議論されたことがある。それはGATS(サービス貿易一般協定)による自由職業サービス（弁護士業務もこれに含まれる）の国際的規制緩和の拡大とくにMDP（異業種間共同）の実現の脅威と関連してであった。深刻

第1　法科大学院・法曹養成制度の課題と展望　21

な危機意識に駆られた日弁連中枢の弁護士からは，弁理士，税理士，司法書士全員を特許弁護士，税務弁護士，登記弁護士として日弁連に受け入れるというラジカルな提案さえみられた[51]。日弁連は会員に対して，日弁連外国弁護士及び国際法律業務委員会編『WTO/GATSが弁護士職にどのような影響を及ぼすのか？　Q＆A（2000年3月）』を配布した。だが，今ではこの出来事は遠い昔のことのように忘れ去られている。

　当時私自身は，この問題に関連して次のように書いた。

「将来的には我が国の法律専門職は弁護士職への一本化という統合の道を選択すべきである。現状のような準法曹の分立・割拠の維持・存続は，準法曹が高度に専門化すればするほど，法的サービスの利用者である国民の利益を害し，法の支配に悪影響をもたらす危険がある。現状を是認し，弁護士とこれら準法曹との業務提携を促進することで利用者＝国民のニーズに応えようとする見解は，一見妥当な現実論のようであるが，実は非現実的なのである。なぜならば，現状から生ずる相互間の不和・対立は構造的なものであり，構造自体を変革しない限り根本的に解消するものではないからである。それに法の支配は本来行政権に対するものであることを思えば，現在の準法曹制度の限界――個々の準法曹がどれほど優秀であるか，また人権擁護の使命感を有しているかにかかわらず――はおのずから明らかなはずである。『分割して統治せよ』という言葉もここに想起されてよい。」[52]

　念のために蛇足を加えれば，「相互間の不和・対立」が頂点に達した事例はいわゆる福島事件である。福島県において登記事務を行った行政書士を司法書士が検察官に告発した結果，最終的

には最高裁で被告人＝行政書士に対する有罪判決が下された[53]。準法曹制度の限界の意味についてはそれが縦割り規制行政の産物であることを思えばとくに説明の要はないだろう。

　突然話題を変えるようで恐縮だが，東京スカイツリーの完成時に，その高さ634メートルは高尾山（599.15ｍ）を遥かに超えるもので素晴らしいという新聞記事を読んだ。その際にふと私の脳裏をよぎったのは，法曹養成における少数精鋭のノッポビル方式にはやはり大きな限界があるというかねての思いだった。この記事に水を差すつもりは毛頭ないけれど，スカイツリーの高さも富士山に比べれば問題にならない。富士山の頂上に匹敵する世界的高水準の優秀な法曹が生まれるためには，その広大な裾野を成す多数のやや低水準の巨大な法曹集団の存在が必要なのだ。

　それに新司法試験合格者＝法科大学院出身者の質が低いと批判されているが，その質とはいったい何なのか？「何となく漠然と過去の法律家の質，しかも誰も定義したことも計測したこともない過去の法曹の質を『所与』として，あるいは『理想』として議論しているようである。」[54]という太田勝造教授の指摘はまさに肯綮に中っている。氏はその関係している日弁連法務研究財団の財団研究「法曹の質」などによる研究（継続中）の一環である調査結果によれば，市民からみた弁護士イメージは弁護士の自己イメージと大きく異なり，「弁護士を遠い存在として位置付け，弁護士にはかかわらないで済む人生を願っているということになる」と述べている。そして，「このような市民のもつ弁護士イメージは過去の弁護士についてのイメージであることに鑑みれば，合格率2％，合格者数500人体制の時代の弁護士が築き上げてきた

第 1　法科大学院・法曹養成制度の課題と展望　23

イメージであることになる。『従来の弁護士の質を維持しなければならない』という言明のもつ社会的含意は意外なものとなるかもしれない。」と結んでいる[55]。軽々に新司法試験合格者＝法科大学院出身者の質の低下を云々することは戒心すべきであろう[56]。

　この関係で附言しておきたいのは，占領下の沖縄では大量の法学部卒業者に対する弁護士資格の付与が行われたが，それが司法運営，法的サービスの提供に与えた負の影響の有無・程度という問題である[57]。この問題は講和条約の発効による沖縄の本土復帰に際して日弁連でも議論されたようであるが，結局はそのままになっている。私は何度か法社会学者などにこの問題の実証的な調査を行うことを勧めてみたが，興味を示しても調査の実施にまで踏み切ってくれた人は皆無である。現在ではおそらく存命の関係者は絶無に近く，調査は不可能だろう。

　結局，準法曹の制度的廃止は関係各界の既得権益の頑強な抵抗に遭遇するから極めて困難というほかあるまい[58]。しかし，準法曹制度を事実上廃絶してしまう戦略は存在するのである。法科大学院から次々に生まれる大量の新法曹が新たな市場を求めて奔流，いや津波のごとく準法曹の職域になだれ込めばよいのだ。(法曹と準法曹とのあるべき姿に関する基本的選択はすでに司法審意見書においてなされていることを銘記しなければならない。「究極的な形で問題を提示すれば，司法審意見書において一発勝負の旧司法試験は否定されたのだから，……わが国の法的サービスの多くの分野が一発勝負の試験合格者や天下りの公務員 OB によって行われてよいのか，それとも……法科大学院出身者によって担われるべきかという二者択一の課題になる。」

のである[59]。この戦略は決定済みの課題の実現にほかならない。)

　法曹は訴訟代理という公権力に対抗する強力なキバを持っているので、この分野では準法曹は太刀打ちできない。だが、本来の準法曹の職務の範囲では両者のいずれが勝るかを決めるのはその提供する法的サービスの良否であり、利用者の選好である。一般論としてこの面では法曹は準法曹に劣るようである。心すべきことである。ちょっとケースは異なるが、消費者金融等に対する過払い金返還請求事件の処理は弁護士と司法書士が競合する分野であるけれど、司法書士のほうがサービスが良いという話も聞く。

　法科大学院出の新法曹は、準法曹の職域に果敢に踏み込んでそれを自己の職域として確立していく真摯な努力を求められる。

　とくに税理士の職域は納税者である国民の権利の擁護のために重要であり、欧米諸国においては弁護士の重要な職域の一部を成しているのであるから、日本でも一日も早くそうなるよう努力すべきである。弁護士法3条2項が「弁護士は、当然、弁理士及び税理士の事務を行うことができる。」と規定していることを忘れてはいけない[60]。

　また、行政書士や社会保険労務士の業務への弁護士の進出は、出入国・移民関係行政における人権保障の強化、社会保険関係行政の迅速化、透明化などにも大きく寄与するといえよう。これらの分野は直ちに弁護士の収入の増加にはつながらないかも知れないが、未開の荒地を開墾する農民のような地道な努力はやがて大きく報われることを信じよう。農民の子である私はその実例を何度か目撃している。

　最後に準法曹(志望者)諸氏へのメッセージを一言。本節を読

んで自己の職種・職域の将来に危機感を覚えられた方は自身または後継者として想定する子女などが法科大学院に学んで法曹資格を取得することを是非真剣に考慮して欲しいと思う（法科大学院への進学が不可能ないし著しく困難な場合には予備試験の利用もやむを得ないが）。私見に反対されるのは一向に構わないけれど，巨視的にみて準法曹という特殊日本的法専門職の存在が何時まで許容されうるか冷静に判断してもらえれば，結論は自ずから明らかであろう。

5．補　論——法科大学院出身者を待つ多様な職域

　ロースクール研究17号は「法科大学院修了生の進む道」と題する特集を組み，そこには合計10篇におよぶ各界の人事関係の担当者などの論考が寄せられ，その中には法科大学院問題に関する貴重な示唆に富む指摘がみられる。本節ではランダムにその若干を引用しかつ多少コメントめいたことを記して，とくに前節の補強としたい[61]。

① 　千葉恭裕（人事院人材局審議官）「国家公務員——法科大学院出身者の国での採用」

　この論考については4．で言及した[62]。

② 　林新一郎（日本銀行総務人事局人事課長）「日本銀行——法科大学院生への期待」

　日銀の総合職のうち法学部出身者の割合が経済学部出身者とほぼ同程度の3-4割もあり，また現実に日本銀行が法科大学院修了者の就職先の一つになっているなどということを私は寡聞して知らなかった。ところで，法科大学院出は学部生や他の大学院生

に比較していわゆる企業研究のための努力が不足している，と批判されている。「私たちは弁護士事務所に就職できない法科大学院生の救済機関ではない。」[63]とまでいうが，日銀マンの高いプライドからすれば当然のことだろう。上述のような企業研究のための努力の不足は他の人事担当者からも指摘されているところであって，その意味については後に一括して考えてみたい。

③　加藤　格（三井物産株式会社法務部長）「民間企業――法律を最も得意とするすぐれたビジネスパーソンを期待する」

「職人的な法務マンというよりは，バランス感覚にすぐれた，法律を得意とするジェネラリストを必要としている」[64]という言葉は示唆に富む。このような能力を有する人材の判定に現在の司法試験はどれほど適切なのか検討が必要ではあるまいか。「法科大学院の目的が多くの司法試験合格者を輩出するということだけであれば，極端な話，法科大学院は不要であり，予備校でよいであろう。」[65]という指摘は全くそのとおりである。法科大学院，司法試験の関係者が耳を傾けるべき至言だろう。司法試験不合格者で企業法務マンとして優れた能力を発揮している事例の紹介も示唆的である」。「5　法科大学院への要望」と題する項[66]のほとんど全ては法科大学院にとってすこぶる有効な助言だと思う。

④　須崎将人（ソフトバンク株式会社法務部部長）「民間企業――日本が国際競争社会の中で勝ち抜くための人材を求む」

弁護士が「企業が要求するレベルを満たさない例は以前からいる（ママ）。（中略）すべての仕事において常に秀才弁護士を必要とするものでもない……。」[67]「グローバルな戦いの場では多様性が求められる。多様性を求める場合，母数となる数も重要である。

個々の優秀さだけ誇っていても世界レベルの競争では限界があり，勝負にならない。」[68]という言葉が印象的である。母数の大きさの重要性を説く後段は，近視眼的に司法試験合格者数の制限を主張する立場，論者に対する頂門の一針となろう。

⑤ 西田　章（西田法務研究所所長・弁護士）「法律事務所の職域と人事採用」

西田氏は法務系の人材紹介業務に携わってきた人という。その豊富な知見に基づき多くの弁護士や法科大学院の教員などが必ずしも明確には意識していないと思われる様々な問題を見事に整理して提示してくれる。

⑥ 中村健人（日本組織内弁護士協会理事・シスメックス株式会社法務部課長）「企業内弁護士の現状と課題」

企業内弁護士の統計的な現状に加えて，企業にとっての顧問弁護士と企業内弁護士との法的サービスの特質の対比など興味深い指摘がみられる。

⑦ 山本晋平（弁護士・ニューヨーク州弁護士）「法律実務家が国際機関・NPO（NGO）で働くために」

NPO（NGO）については，現在のところ安定した報酬・対価を得られるものはないようであるが，将来的には魅力的かつチャレンジングな職域だろう。余談だが，私のかつての同僚で敬愛する阿部浩己教授が理事長をしている国際人権NGOヒューマンライツ・ナウ（HRN）の存在を知り，嬉しくなった[69]。

⑧ 曾根威彦（早稲田大学法学学術院教授）「法科大学院から法学研究者の道へ」

いうまでもなくこれは極めて重要なテーマであるが，ことの性

質上様々な見解がありうると思われる。早稲田大学の新たな研究者養成システムも紹介されているが，2007年度以降の博士後期課程への法科大学院出身者の数は多い年で2名，0名の年もあったとのこと。ただ，氏の「法曹資格が研究者教員にとって教育研究上本質的な意味をもつか，と問われれば大いに疑問である。」[70]という主張には賛同しがたい。これは氏の専門が刑法であることとある程度まで関係しているのかも知れないが，基礎法学は別として解釈法学については一般論として疑問である。

例えば，優れた研究者的実務家の側から「研究者も，これからは，実務をある程度は知り，実務の平均的な感覚をある程度は自分のものとする必要があるのではないか」[71]，「研究者は同じ法律家として実践者の側面も潜在的に持っている……」[72]という意見がある。こういう意見に対して氏はどう答えるのだろうか[73]。

今後の研究者の養成・リクルートは法科大学院出身者を中心として行うのが筋であろう。研究大学院（少なくとも博士後期課程）は存置すべきだと考えるが，法科大学院を単なる実務家養成に特化したものとみるべきではなく，法科大学院はそれに堕してはならないと思う。法科大学院はその名のとおり「大学院」であって，法律実務の専門学校ではないのである[74]。

⑨ 北沢義博（大宮法科大学院教授・弁護士）「法律事務所フロンティア・ローの試み──法科大学院教育と連携する法律事務所として」

北沢氏の「『一般的に適正な人口』などというものがあり得ないように，『適正な法曹人口』などという概念もあり得ない。」[75]という言葉は興味深い。

残念ながら，壮大な理念をもって発足した大宮法科大学院だが，来年（2013）度からは経営上の理由で桐蔭横浜大学法科大学院と合併することになったと聞く。この野心的な法律事務所も存続することを祈りたいと思う。

　以上で各論考の瞥見を終わるが，国家公務員，日銀その他の人事関係者がほぼ異口同音に法科大学院出身者は学部生や他の大学院生に比較していわゆる就職先（企業）研究のための努力が不足している，と批判していることについて少し考えてみたい。もちろんこの点は求職者にとって有用な反省材料だろうが，ある意味ではプラスの意味を持ち得るのかも知れない。というのは，わが国の官庁や巨大組織では組織中心，しかも縦割りの弊害が顕著なので，求職時から視野狭窄な熱血漢（？）よりもクールな心構えの者のほうが就職後に組織の弊害に囚われない有能な組織人たりうる可能性を有するともいえるからである[76]。この点は2.の末尾で述べたこととやや重複するけれども，あえて再言しておきたい。

　編集部によれば，寄稿してもらうことはできなかったが，地方自治体の職員，国会議員政策秘書としても法科大学院出身者が活躍していることが記されている[77]。いずれも法科大学院出にとって今後重要な職域である。

　とくに地方自治体は行政機能（準司法的機能を含む）に加えて条例制定権という一種の立法権を有するのであるから，条例の立案作業に携わる「条例に関する法制局」的存在としての法曹有資格者に対するニーズも大きいはずである[78]。この意味で注目に値するのは，兵庫県明石市が2012年春，弁護士5名を職員として採

用したという報道である。弁護士出身の市長の意向が強く働いたといい，来年も2名の採用を予定するとのことである[79]。こういう動きが全国規模で広まることが望ましく，日弁連などはそれに向けて最大限の努力を行うべきである[80]。

以上のほか，法科大学院出の職域として私がかねて主張してきたのは公証人役場における公証人補佐職の創出である。公証人の職務は法化社会において極めて重要であるのに，その人的側面の実態が甚だしく貧弱である（判・検事等の天下り先と化している）。抜本的改革を必要とするが，その改革の一環として公証人補の制度を設けて若い法曹の職域を創出することが望まれる[81]。

ちなみに，裁判所職員についても法科大学院出身者が存在することを知った。裁判所職員総合研修所の「書記官研修部」の「養成課程研修」の第1部は，大学法学部卒業者が1年間の研修で書記官資格を得るコースである。平成21年4月入所のデータによれば，その入所者約200名のうち法科大学院を含む大学院出身者が約15％おり，大学卒業者についても著名大学出身者が多く，大学名だけでみると司法修習生と変わるところがない，という[82]。こういう高学歴の裁判所職員が今後増加してゆくことを考えると，裁判所書記官の処遇，役割分担の問題は簡易裁判所判事制度や検察における副検事制度の在り方とともに慎重な再検討を要する悩ましい将来の課題となろう。が，ここでは上記事実の紹介のみにとどめる[82a]。

脱稿間際に，グレンM・ウォン＝川井圭司『スポーツビジネスの法と文化　アメリカと日本』（2012, 成文堂）という好著に接した。川井圭司教授からのご恵送による。氏はわが国におけるスポーツ

第1　法科大学院・法曹養成制度の課題と展望　31

法の代表的研究者の一人である。アメリカでは1970年代初期からスポーツがビジネスとして認識され，運営されてきたこと，そしてそれがスポーツ法という研究分野を生み出したこと，また司法がアメリカスポーツ政策の骨格を作り上げてきたともいえることなどを同書は教えてくれる[83]。わが国でもスポーツ法の分野が魅力的な法学の一分野であるとともに弁護士にとって豊饒なビジネスチャンスを提供する場になることは確言してよいだろう。現に，「日本スポーツ法学会」のアクティブな会員の相当数は中堅・若手の弁護士で占められている（ちなみに，私は同学会の設立発起人の一人で，現在は名誉理事）。スポーツ法関係のことも本節で紹介するのにふさわしいと考えるのでここに記しておく次第である。

6．結　語——この後の者にも

私は拙著『法の支配と司法制度改革』の「第2章　司法制度改革の課題と行方——『司法制度改革審議会意見書——21世紀の日本を支える司法制度を——』を読む」の最終節の副題をジョン・ラスキンの著書の表題に倣って「この後の者にも」とした[84]。それから十余年を経た今，より一層強い思いをもってこの言葉を想起せざるを得ない。この表題は新約聖書マタイ伝20章の葡萄園の比喩からとられているが，私がこれに心惹かれるのは，単純素朴にわれわれは後世の人々のことも配慮しなければならないという意味においてである（聖書の寓意からは大きく離れるだろうが）[84a]。

歴史学者の磯田道史准教授はその好きな言葉として，渡辺崋山の「眼前の繰り回しに百年の計を忘する勿れ」という言葉を紹介している[85]。法科大学院ひいて法曹人口をめぐる現在の論議のほ

とんどは，まさに眼前の事象に振り回されて百年の大計を忘れたものと評せざるを得ない。われわれは過去の賢人に対しても後世の人々に対しても恥ずかしくない言動をとるべきである。それがこの国の司法制度改革の時代に居合わせた法律家の当然の心得ではあるまいか。

最近，古市憲寿『絶望の国の幸福な若者たち』(2011，講談社) という本が話題になっている。著者は26歳の社会学者，まさに典型的な若者の一人である。20代半ばの若者と80歳を越えた私のような老人とがどれほどコミュニケートできるか覚束ないけれど[85a]，現在のこの国の在りようについて応分の製造物責任を負うはずの者[86]である以上，若者にとって絶望度が少しでも低くなるよう自分の仕事の領域で努めたい，と私はひそかに願っている。この蕪雑な文字通りの拙稿にもそういう願いが込められているのである[87]。

注

1) 東京新聞2012年7月5日（木）朝刊26面の「こちら特報部」の見出しは「法科大学院崩壊寸前？」であり，神戸学院大学の法科大学院が来年度から学生募集を中止すること，これは全国で4校目の募集停止であることなどを伝える。また，同月7日（土）の朝刊3面によれば駿河台大学法科大学院も2013年度の募集を停止するという。最近まで同大学の総長だった竹下守夫博士は私の敬愛する碩学の知己で，司法審の会長代理をした人である。それだけに同大学の法科大学院教育からの撤退を聞き，事態の深刻さに驚きかつ複雑な思いを覚えざるを得ない。
2) 拙稿「わが国への国会オンブズマン制度導入の可能性——スウェー

デンの国会オンブズマン制度からみた課題」行政苦情救済＆オンブズマン Vol. 23（2012）1 頁以下参照。
3) この勧告に先行する総務省政務官が主宰する「法科大学院（法曹養成制度）の評価に関する研究会」の報告書（平成 22 年 12 月 21 日公表）について，青山善充教授は「現在の法曹養成制度は，文部科学省・法科大学院，法務省・検察庁，最高裁判所・地方裁判所，日本弁護士連合会・単位弁護士会のすべての協力・連携の上に成り立っているが，この研究会の評価は，根拠法の建前上，行政機関たる文部科学省，法務省の政策だけを対象としており，その意味で一定の制約があることは免れない。」と批判的な指摘をしている（同「司法制度改革審議会意見書からみた法科大学院の現実と課題」ロースクール研究 17 号（2011）64-65 頁注 4)。この指摘は上記勧告についてもそのまま妥当する。
4) 政治学者の佐々木毅教授は，東京新聞の「時代を読む・司法制度改革の核心」と題するコラムで，「これまでの政治改革や行政改革との決定的な違いは，司法改革が人材の新たな供給を大きな課題として掲げている点である。……そこで供給される人材が政治や行政の世界に進出し，それらを変えていくという可能性も十分に考えられる。」とし，「『人材養成付きの改革』というこの大事な観点を審議会がどのように具体化できるか，ここにこの審議会の活動の成否全体がかかっている。」と述べている（拙著『続・裁判法の考え方――司法改革を考える――』(2000, 判例タイムズ社）65-66 頁)。（以下，拙著 A として引用。なお，便宜，上記のように引用文献の出典の挙示は拙著，拙稿のみにとどめる。また，引用文中に注番号がある場合は省略。）現在までの法科大学院を取り巻く全ての状況は佐々木氏の貴重な上記見解を反故にしようとしているものと評することができよう。
5) 縦割り体質は公行政にとどまらず，広く巨大な組織を蝕んでいることは，福島第一原発で 1997-2000 年に所長を務めた二見常夫氏（現在東京工業大学教授）が，この事故の背景には東電の縦割り体質が

影響した可能性を指摘していることからも知られる（東京新聞 2012年 6 月 24 日（日）3 面）。この指摘は，「消費税引き上げは財務官僚と野田首相，原発再稼働は政府と電力会社が求めているもので，国民の意志とは，かけ離れているのではないか。」（志太勤「時代のメディア」同紙 2012 年 6 月 29 日（金）夕刊 1 面「紙つぶて」）という率直な発言などから窺える政府，官僚，大企業の思考，言動の基本的類似性ゆえに注目に値するといえよう。原子力規制委員長に就任が見込まれる田中俊一氏は福島第一原発事故について「こんな重大事故後も政府の施策が省庁ごとの縦割りで行われ，バラバラにしゃくし定規の規制を押し付けることを怒っていた。」という（東京新聞 2012 年 7 月 21 日（土）朝刊 2 面）。実は氏自身が原子力村の住人ではないかとの疑義が提起されており，校正時現在この国会同意人事は未決定であるが，そういわれる立場の氏でさえ縦割り規制行政を厳しく批判していることが注目されるべきである。（その後，例外的に首相権限で任命—同年 9 月 19 日。）なお，原子力規制委員会設置法 1 条は「原子力利用」に関する「政策に係る縦割り行政の弊害を排除し，」と明言していることが深く留意されなければならない。

　古賀茂明氏は官僚組織全体の「縦割りから横割りへ」の改革が必要だとし，「縦割りの組織構成は絶対に撤廃する必要がある。なぜなら，それこそが官僚が国民のために働かない根本的な原因となっているからだ。」という（同『官僚の責任』(2011, PHP 新書) 167 頁）。縦割り行政の様々な問題点については田原総一朗責任編集・古賀茂明（対談）『決別！　日本の病根』(2011, アスコム) 57 頁その他を参照。

　ちなみに，中野雅至『1 勝 100 敗！　あるキャリア官僚の転職記　大学教授公募の裏側』(2011, 光文社新書) は，縦社会日本における転職がいかに難事であるかを如実に語った興味深い臨床報告である。
6)　拙著『法の支配と司法制度改革』(2002, 商事法務) 2-3 頁等参照。以下，拙著 B として引用（同書には誤植・脱字が多いが，それがあ

　　　　　第1　法科大学院・法曹養成制度の課題と展望　　35

　る場合には訂正して引用する)。
 7)　拙著 B　10 頁。
 8)　拙訳著『[翻訳] スウェーデン訴訟手続法』(2009, 中央大学出版部)
　　351 頁。現在神奈川大法科大学院(大学院法務研究科)委員長経験者
　　である阿部浩己教授の言葉の引用。
 9)　拙稿「法科大学院教育と死刑廃止論」神奈川ロージャーナル4号
　　(2011) 45 頁注 1-2 に列挙してある。なお, この拙稿も司法制度改
　　革の一つの要を成す裁判員制度との関連において書かれたものであ
　　る。
10)　拙訳著・前掲『[翻訳] スウェーデン訴訟手続法』352 頁。
11)　瀬木比呂志『民事訴訟実務と制度の焦点——実務家, 研究者, 法
　　科大学院生と市民のために』(2006, 判例タイムズ社) 152 頁など参照。
12)　老年行動学の知見によれば, 人の知能には加齢とともに衰える「流
　　動知能」とますます高まる可能性のある「結晶知能」とがあり, 後
　　者は理解力や洞察力といった経験に基づき獲得される能力で, 思考
　　の積み重ねによって高まる知の能力だという (佐藤眞一『ご老人は
　　謎だらけ　老年行動学が解き明かす』(2011, 光文社新書) 190 頁)。
　　私の現在の環境と体調下における本稿の執筆は, 通常の論文に要求
　　される程度の文献の調査・検討を行うことを許さないけれど, その
　　不足を年齢相応の結晶知能の働きが補塡してくれることを願うもの
　　である。
13)　拙著『裁判法の考え方』(1994, 信山社) 93 頁参照。
14)　拙著 A　32 頁注 2 など参照。
15)　拙著 A　34 頁注 11。
16)　瀬木・前掲注 11)『民事訴訟実務と……』507-508 頁。
17)　瀬木・同書 570 頁。「みずからの生き残りの方向へと走ってしまっ
　　た」ということは, 巷間よく使われる言葉で言い換えれば既得権益
　　の擁護に走ったということに他ならない。今こそこれに対する厳し
　　い自己批判がなされるべきである。それがない大学人の法科大学院

問題に関する意見は，所詮只の泣き言と聞こえてしまうだろう。拙著B　97頁注1の川端和治弁護士の発言参照。

なお，現在進行中の文科省の法科大学院特別委員会の審議における大学側委員の発言についても既得権益擁護のニュアンスが濃厚な感じを受けるというのが，某関係者が私に漏らした感想である。このことも念のために書き添えておきたい。

18) 拙著A　39-40頁注3。
19) 拙著A　40頁注6。
20) 同所。
21) 法科大学院終了後に上級職への道を希望する者は，現状では法学部等出身者と同様に上級職試験を受けなければならない。詳しくは，千葉恭裕「国家公務員──法科大学院出身者の国での採用」ロースクール研究17号（2011）13頁以下参照。

この問題に関連しては松澤陽明弁護士の以下のような予言的な指摘が想起されるべきである。「行政官が，1200名くらいの上級公務員試験で採用されてキャリアシステムで培養されるならば，法曹はその風下に立ってしまいます。法科大学院を企画するならば，一般上級職との一元化を図るべきです。そんなことも考えつかないようでは，法化社会を議論する資格がありません。」（拙著B　31頁注31）

22) 拙著A　36-37頁。
23) その他の重要な問題として，日隅一雄弁護士はマスコミが権力監視の役割を果たしていないことを多くの市民が実感することになった事実を挙げる（同『マスコミはなぜ「マスゴミ」と呼ばれるのか〔補訂版〕』(2011, 現代人文社) 261頁。氏は新聞記者から弁護士に転じた人，自力で縦社会を横社会にして生きた先駆者の一人である。なお，氏は同書刊行後ガンのため急逝された。謹んでご冥福をお祈りする。

ちなみに，氏は記者クラブの問題点について論及しているが（同書141頁以下），私は司法制度改革との関連においてこの点にも一言

した（拙著 B　68 頁注 2)。

24)　古賀・前掲注 5)『決別！……』157 頁。
25)　千葉・前掲注 21)「国家公務員……」14 頁。
26)　古賀・前掲注 5)『官僚の責任』67 頁以下，同『官僚を国民のために働かせる法』(2001，光文社新書) 94 頁以下参照。
27)　以下は，中野・前掲注 5)『1 勝 100 敗！……』29 頁に出てくるキャリア官僚たちの会話である。法曹資格の重要性が良く分かるはずだ。「役人も 40 歳を越えるとどこにも再就職先なんてないんじゃないか？（中略）俺達が世間やマーケットに明確に示すことのできる能力って何だろうな。弁護士や医者のような絶対的な資格があるわけじゃないしな」／「日本の労働市場は曖昧だからな。（中略）労働市場で通用する個人実績って業務独占資格以外にあるんだろうか？」
28)　氏は「原子力村」と同様に，「法科大学院村」は「推進派の法曹三者，大学関係者，文科省，大マスコミ」で構成されているという（同・前掲 (10 頁)『破綻する……』225 頁)。法科大学院村の存在を仮定するならば，私の立場からすればこの村はもっと遥かに強大になってもらう必要がある。冷酷な言い方のようだが，そのためにはこれまで友好関係を保ってきた法学部村や準法曹村と"食うか，食われるか"の生き残りを賭けた激烈な闘争を覚悟しなければならない。既存のシステムを基本的に維持し，微調整でしのごうとするのは座して緩慢な死を迎えつつつあるに等しいという冷厳な現実認識が要求されよう。「われわれは『進むも地獄，退くも地獄』というべき厳しい状況の中にあると思う。だとすれば，座して自滅の道を選ぶのではなく，死中に活を求めて改革の道を前進するよりほかないのではないか。」（拙著 A　67 頁）と私が書いたのは十有余年前のことだった。

　ちなみに，私はかねて日本の大新聞の在りように批判的で，長年の購読紙は東京新聞と The Japan Times に限られているが（テレビはあまり観ない)，法科大学院問題に関するかぎり大マスコミに賛成

で，日弁連・弁護士界ベッタリにみえる東京新聞の態度には反対である（ある記事に関連して同紙にその旨書き送ったこともある）。

★　一般論としていえば東京新聞の紙面はますます良くなっていると思う。小俣一平教授は「紙面の質の高さから，私は東京新聞を『日本のワシントン・ポスト』だと思って二十年以上購読している。」と書いている（同紙2013年6月9日（日）5面「新聞を読んで」）。また，市民の立場から権力をチェックするための情報公開の貢献した個人や団体に与えられる「日隅一雄賞」の第1回特別賞には同紙「こちら特報部」が選ばれた（同紙同月13日（木）朝刊1面）。日隅一雄氏については前掲注23）参照。

　法曹養成についても同年7月16日（火）の社説は，政府の法曹養成制度検討会議が6月下旬（26日），司法試験の合格者数について「年間3000人程度」という計画を撤回するなどの後ろ向きの提言（「取りまとめ」）をしたことに批判的で，私見とほぼ同旨の改革の存続を主張している（5面）。日弁連・弁護士会ベッタリと私が批判した同紙の態度はもはや一変したとみるべきだろう。まことに慶賀すべきことである。

29）　このような弁護士界の潮流の中で現役の長老弁護士でありながら司法制度改革による弁護士増員を決然として支持するものとして，鈴木繁次『弁護士道の実践——法の支配による平和・人の幸せを求めて——』(2012, 民事法研究会) は注目に値する（とくに116頁参照）。氏は旧司法試験委員（民法）も経験した篤学の士で，神奈川大学法科大学院の教授職に6年間あった人である。氏の所見は弁護士の既得権益に囚われない良心的発言というべく，読者に一服の清涼剤の感を与える。神奈川新聞による同書の書評は，司法試験を競争試験から本来の資格試験に戻せという氏の主張（108頁）について「素人からみてもまっとうな言説」と評する（同紙2012年8月5日（日）8面）。

　ちなみに，司法制度改革による弁護士増員のもたらす問題点なるものは，実は弁護士プロパーの問題を越えて広く医師その他の高学

歴ワーキングプア問題の一環でもあることが認識されなければならない。増員反対論者にはこのことがほとんど理解されていないようである。瀧本哲史『僕は君たちに武器を配りたい』(2011, 講談社) 14-16, 24-25頁参照。著者は東大法学部助手(民法)からビジネスの世界に転じたユニークな経歴の人。同書は本稿のテーマを考えるうえで多くの示唆に富む。

★ 最終校正の終了間際に,岡田和樹・斎藤浩『誰が法曹界をダメにしたのか もう一度,司法改革を考える』(2013, 中公新書クラレ)が刊行された。弁護士による司法制度改革賛成論を強力に展開する注目の書である。同書の出現を慶賀するとともに両氏の今後の行動力に大きな期待を寄せたいと思う。

30) 拙著B 66頁。
31) わが国における法科大学院構想の創唱者というべき柳田幸男弁護士の案は米国型ロースクールをモデルとしていた。拙著A 27頁。
32) 拙著A 66-67頁。当時,スウェーデンの友人法学者に法科大学院,法学部併存案について語ったところ,即座にそんな改革は失敗するよと断言された苦い思い出がある。これが大陸法系の国の法律家の通常の反応だろう。
33) 同書54頁。瀧本・前掲注29)『僕は君たちに……』は,「私が若い人々に伝えたいことの中でもとくに強調しておきたいのが『リベラル・アーツ』を学ぶことの重要性だ。」(281頁)と指摘する。「大学で学ぶ本物の教養には深い意義がある,という価値観は世界で共通している。」(283頁)という言葉は銘記に値する。なお,同『武器としての決断思考』(2011, 星海社新書)の「はじめに『武器としての教養』を身につけろ」(3頁以下)参照。法を中心とした一般教養学部への転身は決して法学部の転落ではないことを知るべきだ。(水田洋ら訳『アダム・スミス 法学講義 1762〜1763』(2011, 名古屋大学出版会)はアダム・スミスがグラーズゴウ大学の道徳哲学の教授として行った法学講義の学生による筆記手稿からの翻訳である。法を中心とし

た教養学部における法学の講義の在り方の優れた一例（最高水準の）として参考に値するのではあるまいか。）

34) 同書66-67頁。ちなみに，自己心理学を専門とする榎下博明氏は，日本における最強の権力は空気だとし，「大切なのは，組織の再構築よりも，私たちの意識の改革である。自分たちが状況依存社会にどっぷり浸かって生きていることを自覚し，……理不尽な空気に対する抵抗力をつけていくことである。一人ひとりの地道な意識改革に頼るほかに，特効薬はない。」という（同『「すみません」の国』(2012, 日経プレミアシリーズ) 173-174頁，引用文は174頁。なお，この本に対する興味ある書評的エッセイとして Roger Pulvers, In our time of global aggression we could learn from the 'land of sorry', *Japan Times*, July 29, 2012, at 8 参照。

　個人的にはノーだが集団になるとイエスになる日本人の集団主義の生んだ恐るべき悲劇の一例が敗戦直前にオーストラリアのカウラ収容所で起きた日本人捕虜の集団脱走事件である（234人が監視の機関銃で射殺された）。寡聞にしてこの事件について知ったのは鎌田慧「本音のコラム　命を捨てる集団主義」（東京新聞2013年3月19日（火）朝刊29面）によってで，そこでは当時東京で上演中の坂手洋二作・演出『カウラの班長会議』のことが紹介されている。残念ながらこの演劇を観ることはできなかったが，中野不二男『カウラの突撃ラッパ　零戦パイロットはなぜ死んだか』（1991, 文春文庫）を読んで事件の詳細について知り得た。鎌田氏が指摘するようにこの集団主義は今なおわれわれを強く緊縛している。日本人をそれから解き放つことに少しでも寄与することは何でも試みなければならない。法科大学院がその方策の一つになり得ることを私は確言したい。

35) 拙著A　67頁。最後の文章以外は前掲注28) の引用と同文。

36) 拙著B　102頁以下。なお，法科大学院構想のほとんどが主張するロースクールへの公的財政支援の論理に対する厳しい批判として同書104頁注1参照。ちなみに，前掲注1) の最初の記事は，法科大学

院修了までにかかる費用は平均1千万円だという。

37) 「司法制度改革が所期する法曹養成を実現するためには法科大学院における入学者は未修者を原則とする必要がある。」という本文の記述を補強するために，以下の注記を加えておきたい。「法解釈学は極めて特殊な学問である。それは多かれ少なかれ権力の行使と密接不可分に関連している。その理論の妥当性に関する決着は一定の時点では最終審の裁判によってなされる。大学に入るまで暗記的勉強を強いられ，それに習熟してきたわが国の若者が，他の学問一般を学ぶことを通じて批判的精神を涵養する十分な機会を与えられることなく，法解釈学の専門的知識の吸収に没頭することは学生にとって有害であるのみならず，社会にとってもすこぶる危険である。」（拙稿「法学教育に対する司法制度改革のインパクト」『法哲学と法学教育——ロースクール時代の中で——』法哲学年報 2006 34頁）

　なお，公平のために記しておく。理系出身の独学で旧司法試験に合格した優秀な法律家の中には，法律学を単純に理系の学問と同一視しているのではないかと疑われるような立論をする人が存在する。こういう法律家の発生をなるべく防止するためにも法科大学院は必要なのである。

38) 米倉明『法科大学院雑記帳 II ——教壇から見た日本ロースクール』(2010，日本加除出版) 198頁。同書は同じ著者の『法科大学院雑記帳——教壇から見た日本ロースクール』(2007，日本加除出版) とともに，法科大学院問題に関する実に有益な，そして英知と勇気に満ちた書である。私は敬愛する米倉教授の両書における見解にほぼ全面的に賛成である。例えば氏は適性試験も不要というが（同・前掲『法科大学院雑記帳 II』183頁等），つとに私は統一的適性試験に反対した（拙著B　121頁以下）。なお，米倉氏は「法科大学院制度の現場で苦労してもいない者が法科大学院制度を直そうとしたり，新司法試験制度を直そうとしたりするようなことは，とかく実際的でないものに終わるので，私としては絶対してほしくないのである。」と

いう（同・前掲『法科大学院雑記帳Ⅱ』69頁）。まことにごもっともで，本節とくに司法試験関係の論述にあたっては躊躇を感じたのだが，基本的に氏の意見に対する応援団のような立場なので許してもらえるか，と愚考して書き進めた次第である。

39) 久保利英明「司法試験と未修者数のあり方を見直す抜本的改革」ロースクール研究15号（2010）63頁。

★ 山口毅彦教授（元裁判官）は「地方の実情に応じた特に未修者課程を中心とする法学教育を行う小規模の法科大学院の存在が是非とも必要」だと強調する（同（「裁判官と職権の独立及びロースクールの現状について」守屋克彦編『日本国憲法と裁判官―戦後司法の証言とよりよき司法への提言』（2010, 日本評論社）451頁）。全く同感である。法科大学院問題の関係者，論者はこういう問題を本当にどこまで真剣に考えているのだろうか。

40) 久保利・同論文64頁。

41) 米倉・前掲注38)『法科大学院雑記帳Ⅱ』202頁以下，前掲注38『法科大学院……』139頁以下。短答式について久保利氏は廃止か，ごく基礎的な知識の有無を判定する目的の「足切り」のみにとどめ，最終合否の判断には用いるべきではない，」とする（久保利・前掲注39)「司法試験と……」65頁）。一つの現実的な提案といえよう。

42) このことは拙稿・前掲注37)「法学教育に対する……」38頁で指摘した。

43) 目の前に難しいテストがあると「よし，100点とるぞ！」と一種のドーパミン効果がでるみたいで，受験が一種の快楽になっている受験秀才がいるとのこと（古賀・前掲注26)『官僚を……』60頁）。こういう連中を相手にいくら試験をやっても本人のプライドを高めるだけで無意味だろう。（原発事故に関連して武田邦彦教授は「いわゆる優秀な学者というのは，実はあまり自分の頭で物事を考えたことのない人たちなのです。それはむしろ出された問題を解くというだけの優秀さなのです。」と述べている（同『放射能列島　日本でこれから

起きること　誰も気づかない環境被害の真実』(2012, 朝日新書) 59 頁)。安富歩『幻影からの脱出　原発危機と東大話法を越えて』(2012, 明石書店) 33-39 頁にはこの種の優秀な頭脳の解明に関する説得力に富む論述がある。)

44)　私は司法修習とくに裁判所での修習の意義を決して軽んずるものではない。比較法的にも裁判所修習はドイツやスウェーデンなどでは古くから行われてきた法曹教育上極めて価値ある制度である。しかし法実務の現代的変容や法曹人口の飛躍的増大は司法試験合格者全員の司法修習を現実的に困難ならしめつつある。少なくとも選択的修習の採用はやむを得ないというべきであろう。

45)　青山・前掲注3)「司法制度改革審議会意見書からみた……」68-69 頁。なお, 69 頁注 11 挙示の文献等参照。

46)　これは同国の法科大学院設置, 法学部廃止の問題に深く関わった重要人物と親しい人から聞いた話である。その正否を確認することはできないが, 法学部の廃止はとくに私学にとっては大学経営上決定的な影響を与えるし, また教職員の雇用に絡む深刻な労働問題を惹起するから, そう簡単に処理できるとは思えない。したがって, 形式的名称変更という話はすこぶる説得力を有するように思われる。なお, 吉垣実「韓国の司法制度について」大阪経大論集 59 巻 4 号 (2008) 62 頁注 2 参照。この吉垣論文は韓国の司法制度を理解するうえですこぶる有益である。

　★　なお最近, 韓国の法曹による同国の法曹養成制度の近況に関する有益な情報を伝える論考が発表された。金炯枓・李厚東「韓国法曹養成制度の現状」法の支配 169 号 (2013) 17 頁以下。

47)　久保利・前掲注 39)「司法試験と……」64 頁。

48)　準法曹概念について詳しくは, 拙稿「法の担い手の特殊日本的存在形態」『法の担い手たち——"擬似的法の支配"の担い手としての準法曹』法文化 (歴史・比較・情報) 叢書⑦ (2009, 国際書院) 222-224 頁参照。

49) 同論文 230 頁。古賀氏は最近の事例として「幼保一元（一体）化」という政策がなかなか進展しないのも，幼稚園は文部科学省，保育所は厚生労働省と所管が異なるからだという（同・前掲注 26）『官僚を国民のために……』(2011，光文社新書) 97 頁。準法曹問題が格段に難しいのはその所管官庁がそれぞれ異なるからである。したがって，司法審が準法曹問題に手を抜いたのは作業の迅速化・効率化のための賢明な選択だったともいえよう（意識的か無意識的かは別にして）。2013 年 2 月 20 日，猪瀬直樹東京都知事は，認可保育所の待機児童問題について「国の官僚機構の縦割りの弊害が待機児童を生んでいると批判した」と伝えられる（東京新聞 2013 年 2 月 23 日（土）1 面）。
50) 拙稿・前掲注 48）「法の担い手の……」226 頁。
51) 拙著 A　124 頁以下参照。
52) 拙著 A　132-133 頁。
53) 拙著 A　120 頁およびその注記参照。なお，弁護士と司法書士会との争いについてはいわゆる埼玉訴訟が有名である（拙著 A　130 頁注 15）。
54) 太田勝造「法曹の質とロースクール」ロースクール研究 15 号（2010）59 頁。
55) 引用はいずれも同論文 62 頁。
56) 瀬木氏は「筆者の実感としても，医師の能力の格差は法律家のそれより大きく（これには，古くから言われている医師国家試験の問題が大きな原因としてあると思う），高度な医療が安心して受けられる地域は，必ずしも広くないと感じる」という（瀬木・前掲注 11）『民事訴訟実務と……』519 頁）。一患者としての氏の実感が果たしてどれほどの客観性を有するか疑問であるにせよ，これを肯定するとすれば弁護士の質の問題はそれほど深刻な問題ではないようである。というのは，弁護士は刑事事件その他の一部の事件を除けば医師ほどにはクライアントの生命・身体・財産の緊急・切実な危険に関わらず，受任事件についてじっくり時間を掛けて勉強すればよいから

である（米倉・前掲注38）『法科大学院雑記帳Ⅱ』99頁参照）。瀬木氏も「成績や法律論の面ではさほど芳しくはなかった修習生の中に、しかし性格面ではよい部分のある人がかなりいて、それらの若者たちが、弁護士となってから、小さいけれども必要な仕事を誠実にこなしている例をいくつか見たことは評価しておきたい。」とし、こうした『よい開業医』的な弁護士がふえてゆくことは、司法全体の信頼のために非常に重要なことであると考える。」と述べている（同・前掲注11）『民事訴訟実務と……』542-543頁）。なお関連して、サラリーマン（銀行員）から弁護士になった浜中善彦氏が「弁護士にはサラリーマンに必須とはいえない資質が求められる。それは、人に対する思いやりとやさしい心であろうと思う。」と書いていることも注目される（河野・前掲（10頁）『司法改革の……』はこの点を重視して同書に引用する（200頁―原論考「サラリーマンと弁護士」は自由と正義2011年10月号に掲載）。そこにはまた「弁護士増員に反対する意見もあるが、ずいぶんと甘ったれた意見である。弁護士はサラリーマンよりもリスクが高い職業であることは覚悟すべきである。」という厳しい発言もみられる（6頁）。

　ちなみに、私はかねて法曹の資質論について3Yの原則（第1のY　やわらかな頭、第2のY　優しいハート、第3のY　勇気）を提唱しており（拙著・前掲注13）『裁判法の考え方』200-201頁）、幸い多くの読者のご支持を得ている。つい最近も司法研修所の民事裁判教官の某氏から、同書中のこの原則に言及する拙稿「『在野精神とは何か』あるいは法曹の資質論に関する一管見」を担当クラスの修習生全員に配布したいので了承して欲しい旨の申し出があり、もちろん快諾した。いささか自慢話めいて恐縮だが、第2のYは浜中説と共通する面があると思うので、ここに一言させていただく次第である。

57)　拙著A　60頁注12参照。
58)　法社会学者の久保山力也助手は、韓国で現実的に挙論されている隣接職種従事者すなわち準法曹への処遇として7つの選択肢を挙げ

ているが，その最後は「5年なり10年なりの期間を定め『隣接』資格を一律廃止する。」というものである（同「『隣接』の再生と解体」法社会学76号（2012）234-235頁）。ちなみに，国際的にみて準法曹事情がわが国に近いのは韓国のみのようである。広渡清吾編『法曹の比較法社会学』（2003，東京大学出版会）210-211頁（尹龍澤執筆）。

59) 拙稿・前掲（11頁）「司法制度改革と日弁連新会長」46-47頁。なお，準法曹の職域に進出しようとする新進の弁護士（志望者）に，最近読んだすこぶる思考刺激的な本で目にした「本当に熱中できる仕事に，リスクはない。そしてそれが——ライフワークに出会えた瞬間なのである。」（神田昌典『2012——これから10年，活躍できる人の条件』（2012。PHPビジネス新書）28頁）という言葉を贈りたい。同書（とくに第6章）はひろく法曹や法科大学院関係者にとっても一読に値する好著だと思う。

60) 「税務署をやめて税理士になる人は多いのですが，その数は従来より半減しています。税理士登録をしても食えないからです。それどころか，廃業者が増えている有様。若い税理士は独立しても仕事が乏しく，身動きが取れずに苦しんでいる人が多いのが実情です。」という指摘もある（鳥飼重和「弁護士業界の今後の課題は新たなマーケットの開拓」月刊ローヤーズ2012年1月号（The Lawyers January 2012）70頁。ただ，厳しい経済状況がその大きな原因であるにせよ，この国の税理士一般が真に納税者の権利の代弁者ではなく税務署の下請け的存在に堕しているという，いわばその存在根拠が問われている面も影響しているのではないか。あえて門外漢の立場からの疑義を呈しておきたい。ちなみに，鳥飼弁護士は日本税理士連合会顧問である。

61) 「法曹の新しい職域と法社会学」と題する法社会学76号（2012）は，本節の諸論考をヨリ良く理解するためにも有益である。

62) 本文の文脈からはそれるが，ここで，最近出た榊原英資『財務省』（2012，新潮社新書）について一言することをお許しいただきたい。

卒読した限りスウェーデンに言及する箇所があり，そこでは極めて断定的に誤解を招きやすい論述がなされており，スウェーデン法の研究者である私の著作中の記述の信頼性にいささか影響しかねないからである。それは「公務員天国はスウェーデンやノルウェーなどの北欧諸国です。対 GDP 比の公務員の規模は双方とも 30％ 弱と日本の 5 倍近くになっています。厚い社会福祉を維持するために多くの公務員が必要なのです。日本では北欧が好きな人たちが少なくありませんが，北欧こそ公務員天国だということにも留意する必要があるでしょう。」という箇所である（同書 72 頁）。

定義いかんによるけれども，普通の意味で単に公務員の数が多いことが即公務員天国なのだろうか。私はかなりの長期間何回もスウェーデンに滞在して多少当地の事情に通じているつもりであるが，税金の高いことをこぼす人は多いにせよ，公務員が税金を無駄遣いしているという批判は聞いたことがない。（もっとも，エヴァ・ガブリエルソン，マリー＝フランソワーズ・コロンバニ，岩澤雅利訳『ミレニアムと私』(2011, 早川書房) 127, 218 頁など参照。）行政最高裁長官の友人も公用車を持っていないし，各省大臣さえ同様とのことである（拙訳著『［翻訳］スウェーデン手続諸法集成』(2011, 中央大学出版部) 215 頁）。真に社会福祉サービスを行うために公務員が必要ならばその増員はなんら差し支えないはずで，それを公務員天国というのはおかしくないか。公務員天国とは各省庁の部長・審議官クラス以上の幹部職員には全て個室，秘書，自動車が付くという日本の公務員（古賀・前掲注26）『官僚を国民のために……』75-76 頁）にこそ当てはまる話だろう。ちなみに，スウェーデンでは行政訴訟は無料で，民事訴訟よりも遥かにアクセスしやすい。わが国とは全く正反対である（拙訳著・前掲『［翻訳］スウェーデン手続諸法集成』96-97 頁等）。

なお，フランスの官僚が超エリート集団であることは従来からわが国によく紹介されており，榊原氏もそれをしているが（榊原・前

掲42頁以下), フランスの哲学者が「フランスはまだスカンディナヴィアと同様な真の民主主義文化を有しないようだ」と新聞に書いていることも事実である（拙訳著・前掲『[翻訳] スウェーデン手続諸法集成』97頁）。また『選択』2012年3月号は,「そもそも『グランゼコールは企業経営者として適格か』と疑う声が強い。ルノーやエール・フランスなど国策企業は,『パラシュタージュ（天下り）』ばかり。現場に疎く, 戦略は凡庸で従業員に嫌われる人も多い」という仏人エコノミストの言を引用するなどして,「フランスを手本にせよ」といった主張が論壇で目立つことに警鐘を鳴らしている（14-15頁）。

　私は官僚バッシングの大合唱ともいえる最近の状況の中で榊原氏の前掲書のような財務省擁護論の立場の本が出版されることも有意義だと思うし, 傑出した官僚およびエコノミストとしての氏に対して相応の敬意を抱いているつもりである。しかし上記のような論述に接すると, 同書中の他の部分でも氏の議論を素直に受け入れることについ警戒心を抱いてしまう。(しかも氏はかなり意図的に一般読者の反感を買うポレミックな論述を好んでいるとみえる。) それでも, かつて氏のブローデルに関する「『地中海』と私　8　市場・資本主義・歴史」（浜名優美訳『＜普及版＞地中海　Ⅲ　集団の運命と全体の動き　2』(2004, 藤原書店) 所収）という出色のエッセイに感銘を受けた私は, 爾来この官僚知識人に対して抱いてきた畏敬の念を捨ててはいない。ちなみに, このエッセイは私の深く敬愛する大教養人の国際弁護士・伊藤和子先生から推薦付きで送られてきたコピーで読んだという曰くがある。

63)　同誌22頁。(以下, この特集の論考の引用の仕方はやや略式化してある。)

64)　同誌25頁。

65)　同誌26頁。

66)　同誌25-26頁。

67)　同誌34頁。

68) 同頁。
69) 同誌 47-48 頁。
70) 同誌 54 頁。
71) 瀬木・前掲注 11)『民事訴訟実務と……』585 頁。
72) 同書 582 頁。
73) 法科大学院時代の法律学に関する一つの示唆的論考として，馬場健一「法律学と法実務との連携のための課題――ある情報公開最高裁判例を素材に――」法律時報 84 巻 3 号（2012）68 頁以下参照。
74) わが修習生時代の司法研修所長（のち最高裁判事）・松田二郎博士は優れた商法学者でもあって，「実務としての法律学」ということを強調され，修習生に対して「単なる実務家になってはいけない」と戒められた。その精神は法科大学院教育においても堅持されるべきだと考える。

　　なお，念のために記しておくが，上記の法学部の構造改革は学生の教育の問題であって，教員の研究の問題ではないことについては拙著 A　55 頁参照。また，法曹資格と研究者教員との関係について「基礎法学は別として」と本文に書いたけれど，優れた基礎法学者で法曹の資格と経験を有する人が現に存在することも紹介しておこう。日本法哲学会の理事長も務めた島津格教授は若いころ大学の専任教員になる前は弁護士をしていた。氏の生き方に興味を覚えた私は当時氏にお会いして実務と学問との両立についてお話を伺った記憶がある。
75) ロースクール研究 17 号 60 頁。
76) 「反貧困」運動を担う NPO「もやい」のスタッフは「相談者の声が社会の中心だという錯覚が起きた時，僕らの視野は狭くなる。画一的でないスタンスで訴えていく必要性をまなばせてもらった，と感想を述べた。」(浅尾大輔「若者たちは訴える　古市憲寿さんとの対談から」東京新聞 2012 年 7 月 2 日（月）夕刊 5 面）とのこと。こういうしなやかなスタンスの若者たちは，省益の擁護に狂奔するエリー

ト官僚連にくらべて何と素晴らしい存在だろうか。この国の未来に希望を感じさせる。私はこの記事を読んでしばし幸福感に浸ったことを告白する。

　なお，本文で就職先（企業）研究のための努力の不足という指摘は求職者にとって有用な反省材料だろうと書いた点に関連して，その後「志望動機も，自分の志望の理由ではなくて，相手方が自分を欲しくなる理由をあたかも自分の志望動機であるかのように『偽装』して話すことが大切」なのだという含蓄に富む論述に接した（瀧本哲史『武器としての交渉思考』（2012, 星海社新書）118頁）。まさしくその通りだろう。そして凡庸ならざる人事担当者には，このような偽装の志望動機を通じてさえ真に自社に有用な人材を発見する能力が求められている。他方，凡庸・狭量な人事担当者は偽装工作に瞞着されて真の意味での自社の利益（官僚の採用の場合には国益）を損なうミスを犯す危険がありうることに留意すべきだ。

　ちなみに，同書は同じ著者の前掲注29）『僕は君たちに……』，同注33）『武器としての決断思考』とともに必読に値する好著といえよう。

77) 同誌23頁。
78) 馬場健一教授は「行政が……粗雑な我流の『法解釈』を回避し，またより迅速・真摯に『法を学ぶ』ことを可能にするよう，その顧問弁護士などに加えて組織内に弁護士等の法律専門家を採用することも求められているというべきである。」と当然の事理について正当な指摘をしている（同「行政はいかに法を学ぶか―情報公開問題から見た『法治行政』の現実と行政争訟の機能―」法社会学75号（2011）202頁）。また，鈴木庸夫編『自治体法務改革の理論』（2007, 勁草書房）は自治体法務の改革について総合的に論じており一読に値する。「第6章　自治体の訴訟法務」の筆者は法科大学院出身者である。
79) 東京新聞2012年6月18日（月）朝刊5面。『ほうてらす』2012年秋号（vol. 22）に明石市長泉房穂氏に対するインタビュー記事が掲載

されている (2-3頁)。それによると,氏は東大教育学部卒業,ＮＨＫディレクターから弁護士,衆議院議員を経て市長になり,社会福祉士の資格も取得している。まさに法科大学院教育が所期する司法制度改革による新しい法曹像の典型ともいうべき方である。またこのインタビュー記事からは教えられるところが大きい。

80) 法社会学 76 号 (2012) は「法曹の新しい職域と法社会学」と題されているが,地方自治体の条例立案担当者の法曹化への言及など全くない。同誌では一般的に利用者の視点が強調されており,それはもとより大切なことであるけれど,法化社会の実現は究極的に利用者・国民の利益に帰するという視点からの大局的な考察が不十分な印象を受ける。その中で「司法制度改革の崇高な理念は別にしても,『隣接』はやはり整理淘汰の渦の中にある。」と断言する久保山論文の終わりの一文に清新なものを感じた (同・前掲注 58)「『隣接』の……」235 頁)。

81) 拙著Ａ 59 頁注 9。

82) 山名学「裁判所職員総合研修所について」法の支配 156 号 (2010) 66-67 頁。

82a) ★ 最高裁の人事局長,事務総長を歴任した元最高裁判事の泉徳治弁護士は裁判官の増員,最高裁調査官の増強に加えて,各裁判官専属調査官の配置を提言し,とくに最後の専属調査官については「弁護士一年生で十分であり,任期付き職員として二,三調査官を務めた後,弁護士に復帰する形がよい」という (同『私の最高裁判所論』(2013,日本評論社) 309 頁以下,134 頁以下,引用は 138 頁)。著者の経歴にかんがみとりわけその必要性を実感させる注目すべき主張である。また,氏は法科大学院による法曹養成制度を支持し,司法試験合格者数の減員に反対する (同書 312 頁以下)。ちなみに,専属調査官制度については私もつとにスウェーデンの最高裁調査官制度の紹介とともに,日本における若手の専属調査官制度の採用を提言している (拙著「最高裁裁判官に第二の調査官(裁判官専属の調査官)を」拙

著A 154頁以下参照）。

83) 同書Ⅶ，353頁等。

84) 拙著B 66頁以下。

84a) ★ その後，ラスキンよりもはるか昔すでにダンテが同旨を述べていることを知った。水野和夫教授は大澤真幸氏（元京都大学教授）との共著『資本主義という謎 「成長なき時代」をどう生きるか』（2003，NHK出版新書）の中で，ダンテの「われわれは先人の苦労のたまものを受けているが，それは同様にわれらの子孫が豊かになるように，われらも後からくる者の発展のために骨折らなくてはならぬ」（黒田正利訳）という言葉を紹介している（273頁）。（原典の訳書を参看すべきだが，私の現在の体調はそれを許さない。）また，大澤氏は同書の中で，「現代社会は……自分が死んだあとをどう考えるか，自分が死んだあとの世界に対してどのように対するのかという態度が求められている時代になって」いること，「ぼくたちが現在直面している深刻な問題というのは，たいてい，今生きている人たちが死んだあとに困難が顕在化する問題」であるという重大な指摘を行う（275頁）。法科大学院問題もまさにそのような問題に属するといってよい。ちなみに，同書第5章における大澤氏の映画「桐島部活やめるってよ」に関する解釈（280-292頁等）は実に示唆的でスリリングである。同『夢よりも深い覚醒へ——3・11後の哲学』（2012，岩波新書）とくに116頁以下も参照。

最後に，マタイ伝20章の葡萄園の比喩については，田川健三『イエスという男 逆説的反抗者の生と死』（1980，三一書房）207頁以下に鋭利かつ説得的な説明がみられることを附言する。

85) NHK Eテレ「さかのぼり日本史 島原の乱"戦国"の終えん」2011年10月25日（火）。この言葉は法科大学院論議に関わる全ての論者が銘記しておくべき名言といえよう。

85a) 「20代半ばの若者と80歳を越えた私のような老人とがどれほどコミュニケートできるか覚束ないけれど」と書いたが，古市氏の最近

第1　法科大学院・法曹養成制度の課題と展望　53

著『僕たちの前途』(2012, 講談社) の補章2 (324頁以下) には彼と超有名なジャーナリスト田原総一朗氏との対談が掲載されている。田原氏は私よりちょっと若いけれど80歳に近い方である (田原氏—1934年4月1日生, 私—1931年3月20日生)。もっとも, 凡庸な私がスーパーマンのような田原氏のひそみに倣おうとするのは傲慢の誹りを受けることだろう。

86) 反原発の先駆的研究者の小出裕章助教は, 原発事故について騙された被害者, 国民にも責任があるという (同『騙されたあなたにも責任がある　脱原発の真実』(2012, 幻冬舎新書) 5-6, 195頁等。われわれの世代の製造物責任はそれ以上に強い意味で自覚されるべきだと思う。

87) 2012年8月6日の新聞報道は, 政府が5日, 司法試験合格者数の目標を現行の3千人から2千人に引き下げる方針を固めたことを伝える (東京新聞2012年8月6日 (月) 朝刊3面)。1. の冒頭部に記した総務省勧告などにかんがみ現在の民主党政権のもとでこのような近視眼的愚策が行われるかも知れないことはある程度予測されたことではあるが, やはり一種の意気沮喪感に囚われるのを否定し難い。だが思い直せば, こういう状況の中だからこそ本稿を書く意味もあるのだといえよう。政府は法相を中心とする関係閣僚会議と下部組織の有識者会議を設置し, 本年度末までに結論を取りまとめる予定という (同記事)。さらに同月21日の報道は, 有識者会議 (「法曹養成制度検討会議」) の座長に佐々木毅教授 (前掲注4) のコラムの筆者) が就任したことを報じる (同紙同月21日 (火) 夕刊2面)。この座長人事には闇夜に一縷の光明を得た感を覚える。佐々木氏の活躍に大きな期待を寄せたいと思う。(★　本書の初校時にはすでに上記有識者会議の「取りまとめ」が公表されている。前掲注28) の末尾参照。)

　ところで, 校正中に宗教学者町田宗鳳教授の「ニホンの『原体験』上, 下」と題する論考に接した (同紙同年9月1日 (土) 12面, 同

月8日（土）21面）。町田氏は，東日本大震災は日本という国の「原体験」（その国のカタチそのものが変形するほどの歴史的な大事件のこと）であって，保元・平治の乱，黒船来航，太平洋戦争とその敗北に比すべきものだという。あれは日本という国のカタチが変わる，そして変わらなくてはならない大事件だったのに，国民の大半は被災者に同情を示しつつも目先の不便や景気の動向だけに意識を向け，大量消費生活を改めようとはしないことを批判する。司法制度改革，法曹養成制度改革の問題も東日本大震災という原体験との関連における真摯，切実な根元的考量を迫られていることを改めて認識させる重要な指摘と受け止めなければなるまい。（氏の「文化の祖型」論に賛同するかどうかは別論として。）

日本政治に関する著名な専門家である米国のリチャード・サミュエルズ（Richard Samuels）は3・11の東日本大震災の影響について調査した結果に関する著書を最近刊行したが，この大災害は期待に反して日本の政治と統治の在り様にほとんど有意味な変化をもたらしていないという悲観的な診断を下している。*Japan Times* April 12, at 3. この診断は残念ながら自分自身の経済的苦境からの脱出を優先せざるを得ない平均的日本人の態度をほぼ的確に描写しているのではないかと思われる。しかし，少なくとも法的正義とその実現の職務に関わる者はその陥穽に陥らないよう極力戒心すべきだろう。

また，校正中に読んだ本の一つに安富・前掲注43)『幻影からの脱出』がある。その中で著者は放射能の危険性を明らかにしたために予算を断たれ，研究所副所長，教授職を退き，市民科学者として活動したジョン・ゴフマン博士という米国の学者の事例に言及して，「私は学者の言うことを信頼するかどうかを判定するには，その人の主張することを理解するだけでは不十分だと思っています。その人が立派な人なのかどうか，それが大切であって，立派な人であれば言うことを信じる」（285頁），「こんな考えは，学者の世界では邪道かもしれません。しかし私は，……いろいろな分野を渡り歩いて研究し，

いろいろな学者を見てきたのですが，最終的にこの，世間的な方法が一番信頼できる，という結論に到達したのです。」(286頁)と述べている。法律学や司法制度改革の議論においては一入このことが強調されるべきであろう。顧みて忸怩たるものがあることを認めざるを得ないけれど，自分自身のことについては読者のご判断に委ねるほかない。

附記　その1　A　スポーツ法と千葉正士先生

「5　補論」のスポーツ法に関する附記として，わが国におけるスポーツ法の理論的先導者であり，「日本スポーツ法学会」の創始者というべき千葉正士先生について一言しておきたい。以下，私が同学会会報35号(2010年7月25日)に寄せた弔辞を掲げてこれに代える。

追悼　千葉正士先生

萩原金美

日本スポーツ法学会の初代会長であられた千葉正士先生（法学博士・東京都立大学名誉教授）は2009年12月17日に逝去された。享年90。卒寿にまで達せられたのだから天寿を全うされたというべきかもしれないが，先生の学恩に浴してきた者の一人としては痛恨の極みである。(ここにいささか私事を語ることを許されたい。私は45歳でいわば日曜学者の実務家（弁護士）から大学教授に転身したもので，そんな専業学者としての出遅れの嘆きを先生に語ったことがあるが，先生は「私も45歳の時米国に留学し，法人類学の師ホーベルに出会い，その時から法人類学者として新生したのだ。学問をするのに遅

すぎるということはない」と励ましてくださった。今も忘れられない有り難い言葉である。)

　先生は東北大学法文学部に学んだうえ，大学院特別研究生として研鑽を積まれ，東京都立大学において専任講師・助教授・教授として定年にいたるまで教育・研究活動に従事された後，東海大学法学部の教授に転じ，同大学で第二の定年を迎えられた。

　先生の学問領域は広大であり，その優れた研究成果は膨大なものがある。法哲学者として出発した先生は法社会学さらには法人類学にその研究を拡大された。日本法哲学会理事，日本法社会学会理事長，国際法人類学会理事等々の要職を歴任されたことは，先生が上記の各分野において傑出した研究者であったことを例証している。先生はこのような余人の追随を許さない研究の延長線上にスポーツ法学というわが国では未聞の沃野を見出し，次第に晩年の学問上の関心の重点をこの学問に向けられるようになったのである。大学スポーツの一方の雄である東海大学という職場環境は，先生のスポーツ法学への関心をいっそう高めたであろうことも想像に難くない。

　先生のスポーツ法学に対する強烈な学問的関心は，わが国のスポーツ法学の発展のためにまことに幸いなことだったといわなければならない。先生は同学の士を糾合して本学会を創設し，その初代会長としてスポーツ法学と本学会の基礎固めに尽瘁された。いまやスポーツ法学がわが国の法学界において確固たる地歩を占めていることは衆目の承認するところである。

　先生が著された『スポーツ法学序説—法社会学・法人類学からのアプローチ』（信山社，2001年）は，われわれ後進が座右の書として備えるべき古典的名著である。先生の謦咳に接する機会は永遠に失われたが，本書を熟読玩味すればスポーツ法学の進むべき正道を見失うことは決してないと私は確信している。

　先生，どうか安らかにお休みください！　合掌

附記　その1　B　スポーツ法と体罰問題

　スポーツにおける体罰問題は目下の教育界，スポーツ界における論議の焦点になっている。高校バスケットボール部主将の死を招いた監督による体罰はもとより，オリンピック柔道女子日本代表の監督が複数の選手から告発された暴行・暴言などは，わが国のスポーツ界を代表する選手たちの人格の尊厳，基本的人権を根底から否定する言語道断の言動であり，わが国のスポーツ界における礼節と法の支配の存在を著しく疑わせるものである。高校と大学のラグビー部コーチとして多年の経験を有するスポーツライターの藤島大氏は「体罰は絶対悪」というが（同「柔道体罰問題」東京新聞 2013 年 2 月 5 日（火）朝刊 5 面），まさにそのとおりである。

　スポーツないしスポーツ選手の中には大変な負の部分がある，一流選手の間にも人間性の面で「性質（たち）」の悪いケースが少なからずみられることを，テレビ朝日のディレクター兼レポーターの宮嶋泰子氏はその豊富な取材経験を踏まえて語っている（同「スポーツ基本法が出来た日本のスポーツ界に望むこと」『日本スポーツ法学会年報』19 号（2012）46-47 頁）。「このような監督にしてこのような選手あり」ということなのだろうか。

　いずれにせよ体罰は法に関わる問題である。スポーツ法学会は総力を挙げてこの問題を攻究し，適正・妥当な改善策の提示・実現に努めるべきだろう。わが田に水を引くようだが，要するにこの意味でも法科大学院教育を受けた多数の法曹の存在が望ましいのである。

附記　その2　民事裁判における正義と事実認定

　このほど神奈川大学のかつての同僚だった石川正美教授（民法）から「保証契約の要式契約化の意義に関する一考察―保証契約の様式性と事実認定―」（白鷗大学法科大学院紀要 4 号（2010））と題する論考（研究ノート）の恵送を受けた（これに添えられている書信の日付は 2012 年 10 月 1 日）。最近の私は足がやや不自由なため大学の紀要類を参看することを

怠っており，この論考についてもその存在をこれまで全く知らなかった。彼は極度の寡作の人のようであるけれど，書かれたものはいずれも周密な力作である。（その謙虚な性格ゆえか，「研究ノート」と題されているが，以下では「論文」という。）この論文も判決文のみならず証人や当事者本人の供述調書，訴訟代理人の準備書面までも詳しく引用した出色のものである。同論文は元裁判官で，長年の民事裁判官の経歴を有し，同大学法科大学院教授として退任する河野信夫教授に対するオマージュの意味で書かれ，保証契約の要式契約化（平成 16 年 12 月 1 日公布，翌 17 年 4 月 1 日施行の民法一部改正法（平成 16 年法律 147 号）による）の意義を過小評価する有力学説を批判して，要式契約化は「誤った事実認定を防ぐための有効な方策であり，司法に対する信頼を構造的に担保しよう〔と〕するものと評価することができるように思われる。」（171 頁―引用頁は同論文のもの。以下同じ）などと指摘する。

そこに引用されている司法研修所編『民事訴訟における事実認定』(2007) が述べているように「裁判は（中略）前提となる事実が正しく認定されていなければ，いくら法規の解釈が正しくても，その判断は砂上の楼閣にすぎない。」(198 頁) これはまさに自明の真理であり，民事裁判官の守るべき鉄則のはずであるが，現実には驚くほど多くの裁判官がこれに違反するという陥穽に落ち込むのだ。その結果，民事裁判は正義を求める当事者に対して不正義の権化として機能することになりかねない。同論文はそれを雄弁に例証している。「裁判所は，保証契約が締結されたことを認めるに足りる証拠がないときは，躊躇することなく，原告であるクレジット業者の請求を棄却すれば良かったのである。『少ない証拠で事実認定に呻吟させられるのが，裁判の宿命』であるとはいえ，いい加減になされた信用供与の尻拭いを国庫の費用で運用されている裁判所が引き受ける必要など，どこにもない。」(165 頁) という石川論文の語調鋭い批判には全く反論の余地があるまい。

思えば，私が民事訴訟法・裁判法研究者として生涯の最大の時間とエネルギーを捧げてきたのはまさに証明論・事実認定論の問題だったといっ

てよい。その貧しい成果の一端は拙著『訴訟における主張と証明の法理』（2002，信山社）にまとめられている。（遺憾ながら同書には編集担当者による意図不明の原文の改ざん行為が散見する。舌足らずの表現や文章の不統一は必ずしも著者の責任に属しないことに留意されたい。）法科大学院教育における一つの力点は事実認定の重要性とその困難性を教え込むことに置かれるべきだと思う。実に多くの裁判官がいささかの法律的知識とその操作に熟達している故をもって事実認定にも優れていると錯覚しているのを私はイヤというほど見せつけられてきた。この錯覚は裁判官のみならず法学者を含む法律家一般に共有されているともいえようが，裁判官の場合には自由心証主義の専制的支配のもとでその実害の大きさはほとんど言語を絶するものがある。ちなみに，石川論文に登場する福岡高裁判決の蓑田速夫裁判長は退官後『裁判と事実認定　事実とは何か』（1996，近代文芸社）を著された。これは事実認定に関する極めて優れた必読に値する好著である。法科大学院における事実認定に関する教材としても最良のものに属しよう（拙著・前掲書321頁以下参照）。第1論文のみならず本書中では法科大学院における事実認定教育の問題には言及していない。しかし，そこでの事実認定に関する基本的な教育が極めて重要であることは贅言を要しないであろう。石川論文に触発されてここにあえて若干の附記を加えておくゆえんである。

第2

法学部教育と司法制度改革
―― 法学部と法科大学院 ――

1. はじめに

　筆者は司法改革の議論にはかなり積極的にコミットしてきたが，法科大学院発足後の法学教育には全く関わっていない。そのような傍観者的立場にある者としておそらく想像を絶する労苦に満ちている教育現場（「死ぬ思い」という法科大学院教員の発言もある）を軽々に批判することは慎むべきだと自戒している。しかし他方，法科大学院教育が相当の経験を蓄積した後に，司法改革の一環としての法科大学院問題（したがってまた法学部問題）について批判的検討を行うことは，長年にわたり司法改革の必要性を切言してきた者の一人として自らの義務だと感じている。図らずも本シンポジウムにおける報告を依頼されたことは一実定法研究者として光栄であり，時期尚早と無責任という感を覚えながらも，あえて報告の責めをふさがせていただくことにした次第である。

　与えられた課題について，筆者の問題関心に即して，第1に法学部教育に対するインパクト，第2に法科大学院教育と法哲学に

対するインパクトと解釈し直して本報告を行うことにする。後者とくに法哲学自体について云々するのは本報告の範囲を越える越境行為だといわれるかも知れない。しかしこれは，裁判法・訴訟法の研究者の立場からの法哲学（者）への期待，要望であるから，「法哲学と実定法学との対話」を企画する本シンポジウムの趣旨に合致するものと考える[1]。

2. 法学部教育に対するインパクト

端的にいって，既存の法学部教育は基本的に維持できないし，すべきではないと考える。もっとも，誤解のないよう断っておくが，これは教員の研究のあり方や水準とは別個の問題である。（この問題への言及は時間の関係上割愛する。）法学部は一般教養学部または（および）一般教養（前半）＋中級法律職のための徹底した職業教育（後半）への変身が必要になろう。これは法科大学院と法学部との教育上の役割分担を考えるならば，不可避的な結論のはずである。筆者はこのことを司法改革の一環としての法科大学院論議が始まった当時から主張してきたが，現在に至るまで賛否は別としても私見に真剣に耳を傾けてくれた人を知らない。唯一の例外が本大会の委員長の大塚滋教授かも知れない。本報告を依頼されたのは氏が私見に関心を示されたゆえと推察されるからである。

ところで，この変身については幾つかの留意点ないし警戒すべき事項がある。それを説明しながら，上記の私見をヨリ明らかにすることに努めたい。

① 過度の法学専門教育（法解釈学）に傾斜せず，基礎法学を

主とすること。とくに法学の特殊性，危険性を認識させること。

　法解釈学は極めて特殊な学問である。それは多かれ少なかれ権力の行使と密接不可分に関連している。その理論の妥当性に関する決着は一定の時点では最終審の裁判によってなされる。大学に入るまで暗記的勉強を強いられ，それに習熟してきたわが国の若者が，他の学問一般を学ぶことを通じて批判的精神を涵養する十分な機会を与えられることなく，法解釈学の専門的知識の吸収に没頭することは学生にとって有害であるのみならず，社会にとってもすこぶる危険である。このことが法科大学院制度設置の主要な契機の一つであったことは明らかなはずであるが，すでに法科大学院教育の現状はそれを裏切りつつあるような印象を受ける（そして法学部教育はその共犯者と映ずるだろう）。

　法学部が存在する以上，そして法に多かれ少なかれ関心を抱く学生が法学部に入ってくる以上，法解釈学以外の学問を通ずる批判的精神の涵養は基礎法学によって行うのが妥当であり，有効だと思う。これからの基礎法学には学問一般と法解釈学とを架橋する教育的役割が大きく期待されるというべきである。この意味でいわゆるマイペース型法哲学の講義などは変容を迫られることになろう。

　②　職業教育を徹底し，OJT代替的機能を引き受けること（弁護士事務所職員の基礎研修も含む——実務教員は弁護士会から派遣）。

　法学部を法科大学院の前段階と考えるならば，法を中心とする一般教養学部であることに徹してよい。つまり法科大学院における既修者コース進学者に対する法学部教育の場合である。この場合に従前の法学部と同様の法学専門教育を維持するならば，それ

は法科大学院設置の理念を裏切る結果をもたらし，激動する時代の法的ニーズに対応できない硬直した法的専門バカの法曹を輩出する結果を生むだろう。

しかし，おそらく大部分の学生は経済的理由その他様々な理由によって法科大学院への進学を希望しないと思われる。そのような学生に対して必要最低限の職業教育を行うことも法学部教育の任務に属するというべきである。多くの企業などはもはやOJTを自力で行う余裕が無く，即戦力を有する人材を求めているからである。（余裕があってもその意欲が乏しい。これは若者の早期離職率の激増や組織に対するロイアルティーの低下などと関連する。）

このような状況のなかで，大学は職業教育を重視せざるを得なくなっており，法学部もその例外ではあり得ない。例えば，弁護士事務所の職員研修は弁護士会単位で行われているが，これらも含めて法学部が受け持つべきだと思う。日常の法律業務の理論的補強や逆に法律業務を通じて理論の理解を深めるという効用が期待できるだろう。法を中心とする一般教養教育に加えて，このような職業教育を与えることによって，法学部は単なる専門学校や資格試験の受験校とは異なる重要な存在意義が見出せるはずである。

なお，ことの性質上実務教員は弁護士会から弁護士を派遣してもらうなどの方策を考えるべきである。法科大学院を有する大学ではその実務教員との連携も可能であろう。（ヨーロッパでは夏休みに労働者が長期の休暇を取るので，その代替的労働力として学生が官公庁や企業で執務するケースが多い。こういうOJT教育をシステマチックに採用することも考慮に値しよう。）

③ 準法曹（各種士業その他）の大量生産工場として機能し，結果的に日本型疑似的法の支配の強化に奉仕してしまう危険について常に警戒的であること。

わが国には準法曹ないし準法律家とよばれる職種・職域に属する膨大な数の人たちが存在する。組織内準法曹としては法制担当の公務員，企業法務担当者などであるが，法律的な仕事はとくに公務員の場合あらゆる分野に関係するから，限界設定は難しい。組織外準法曹も多種多様である。司法制度改革審議会意見書は「隣接法律職種」という表現を用いている。筆者はこの範疇に司法書士，行政書士，弁理士，税理士，社会保険労務士を入れているが，意見書では土地家屋調査士も含めている (37, 88頁)。(弁護士事務所職員は被用者であることにかんがみれば組織内のものといえようが，小規模ないし個人の事務所の職員については違和感もあろう。もっとも，ここでは準法曹かどうかということが大事なのであって，組織の内外による分類はあまり意味がない。)

この準法曹の多様な職種，膨大な数の存在が法の担い手の特殊日本的存在形態であって，この国の規制行政に象徴される"疑似的法の支配"を支えてきたこと，これが法の支配の確立を目指す司法制度改革にとって最大の障害を成すということは筆者がかねて一貫して切言してきたところである。(残念ながら，耳を貸してくれた人はほとんどいないが。)

法学部出身者の大半は中央・地方の行政組織または企業に就職する。組織外準法曹は別に法学部出身者であることを要しないが，事実上は圧倒的に法学部出身者で占められている（弁理士は例外として）。現に多くの法学部は司法書士など各種士業のための受験講

座を設けている。つまり，法学部教育は意図的かどうかは別として，準法曹の大量生産工場として機能し，結果的にこの国における疑似的法の支配の強化に貢献してきたのである。このことに法学部関係者はやや無反省であったと思う。断っておくが，法学部教育に多くの長所があったこと（とくに過去のある時期において）を否定するわけではない。しかしその短所も率直に認めるべきである。（他人から短所を指摘されたときに，本人が自分にはこんなに長所があると言い張っても仕方ないだろう。）

（なお，ここでの準法曹と疑似的法の支配に関する私見はやや舌足らずで分かりにくいかも知れないので，税理士を例にとって具体的に説明しよう。わが国には約7万名に近い税理士が存在する。その反面，税務訴際の数は微々たるものである。税理士は税務職員の天下りの職としても活用され，しかもその場合には税務当局が年間顧問料約1千万円相当の顧問先を斡旋するといわれている。

厖大な数の税理士は「納税者の権利の擁護者」というよりも，むしろ「税務行政の下請け」的存在として機能しているのである。これは個々の税理士の職業的良心や業務のあり方を越えた構造的な問題である。欧米諸国において税法は弁護士にとって重要かつ魅力的な分野であるが，わが国ではそうなっていない。ここに例証されるように，準法曹と疑似的法の支配《通達行政はその中核の一つを成す》とは密接不可分の関係にあるのである。もし税理士制度を廃止し，法科大学院出の法曹がその職務を担うようになれば，通達行政がそのまま機能する余地は著しく減少し，納税者の権利がヨリ良く擁護されることは明らかではあるまいか。）

④ GATS（サービス貿易一般協定）の今後の動向への対応を怠らないこと。自由職業サービスの国際的規制緩和は弁護士業務の

みならず，各種士業に破壊的な影響を及ぼすおそれがある。漫然と各種士業資格の受験予備校的教育を重視していると士業自体の基盤が崩壊してしまうかも知れない。

　WTOは2015年（？）までにGATSを完全実施する予定である。ここ数年，緊迫した国際情勢の中で進行状況が停滞しているが，これはいずれ日本の司法・法律制度に激震を与えかねない大問題である。この自由化の実現はわが国の法律業務のあり方，そのマーケットの構造に決定的な変化を与えるかも知れないのである。ところが，この問題は国際事情に通じているはずのわが国の法学者によって不思議なことにほとんど議論されていない。

　法学部教育はGATSの動向に注目しつつ，上記の変化への対応策を怠ってはなるまい[2]。司法書士その他各種士業の受験予備校的存在に安住していると，その士業自体の経済的基盤が崩壊してしまうかも知れないのである。この面での学生に対する適切な職業面の進路の指導・助言サービスも大切である（これは法学部教員だけでは難しく，他の協力を求めることが必要になろうが）。

　（筆者は専業弁護士のころ大手スーパーやコンビニに関係する仕事をしたことがある。実は現在最も隆盛を極めるコンビニのライセンス導入契約には深く関わった。1世代，30年以上昔の話である。今や日本の隅々にまでスーパーやコンビニが進出している。そしてそれが消費者の便宜に大きく寄与していることは確かである。しかしその反面，零細な個人商店はほとんど絶滅してしまった。同様の現象が法律業務の世界で起きないなどと誰がいえようか。外国の巨大法律事務所などによる日本の弁護士その他の全ての法律関連職種の支配という悪夢のような事態の出現は決して杞憂ではないと思う。）

結論的にいえば，法学部教育のあり方は教育問題であるのみならず，労働問題，経営・経済問題にも関わり，白紙に絵を描くようなことはできない。法学部は上記の変身を遂げて法科大学院教育と高校等の法教育の狭間で生き延びるほかないと思う。なお，以上はいわゆる普通の法学部＝平均的法学部を前提にした報告である。ごく少数の「エリート官僚養成機関としての法学部」あるいは「法学部におけるエリート官僚養成面」は法科大学院に脱皮すべきである。

3. 法科大学院教育と法哲学

法哲学には緊急の課題として要件事実論，法曹倫理とくにゲートキーパー問題，ADR（代替的紛争解決）・RJ（修復的司法）に関する原理的考察が求められていると考える。本報告は時間の制約からADRのみにとどめるが，これはRJとともに正義とは何かを問う根源的問題でもある[3]。

①ADR（論）の世界的盛行の背景，②法の支配とADRの対立・相剋，③日本型紛争管理システムとADRの関係，④ADRの担い手とその大量生産工場としての法学部，⑤法科大学院における要件事実教育とADR教育の矛盾等の論点を取り上げる。

① ADR（論）の世界的盛行の背景

一点だけ重要な論点を指摘するにとどめる。それはわが国の議論では看過されていることであるが，ADR（論）の世界的盛行の背景には紛争解決のコスト面での制度設計・設営者の側からの要請があるということ，それは法の支配・権利保護の要請と必ずしも両立しうるものではないということである[4]。

② 法の支配と ADR の対立・相剋

法の支配と ADR は基本的に対立・相剋関係にあるのではないか。最近，この重大な疑問がスウェーデンの訴訟法学者 P. H. Lindblom によって提起されている[5]。彼は訴訟と ADR との機能的比較を以下の五点について行う。

a　紛争解決
b　市民の行動制御（予防的機能）
c　先例形成・司法的法形成
d　立法・行政に対する司法的審査
e　コミュニケーション（手続への関与，勝敗を問題にせず正義・権利の主張をすること——政策形成訴訟）

b は大部分の ADR に欠如し，c ないし e は ADR では果たせない（e では手続関与によるコミュニケーションを別として）。要するに，ADR は上記の五つの機能の一部しか果たせず，ときに民事訴訟の機能を阻害する，と彼は結論する。

上記の指摘は，わが国ではヨリ深刻な問題である。一面的な ADR の拡充強化（論）はわが国における疑似的法の支配の温存・強化につながる危険を孕んでいるのである。

③ 日本型紛争管理システムと ADR の関係

②との関係でとくに注目すべきは，濱野亮教授による「日本型紛争管理システム」という説である。彼によれば，日本型紛争管理システムの「メカニズムの構築と運用の背後には国家の官僚が紛争それ自体を『管理』し，それを通じて私人の集合体としての社会を『管理』するという発想が潜んでいる。それは，わが国では，少なくとも今日，あまりにも当然視されていて，言語化して

論じられない暗黙の前提となっている。これがADR論議を目に見えない形で制約しているのである。」[6] 全く同感である。彼は，ADRに関する基本的法制の整備は「このまま進めば，『法の支配』を強化するよりは，妨げる結果になるのではないか」[7] と危惧するが，ADR法が制定された現在，その危惧はまさに現実化しつつあるといえよう（例えばADR機関に対する認証の問題に関連して）。

④　ADRの担い手とその大量生産工場としての法学部

この点についてはすでに1．において言及したので省略する。

⑤　法科大学院における要件事実教育とADR教育の矛盾

法科大学院においては要件事実教育が（おそらく最重要課題として）重視されるが，裁判（法的判断）に必要な事実とADRに必要な事実（あるいは事情）とはその範囲が全く異なる（同心円的に重なる部分もあるが）。一方の教育は他方のそれを阻害するという負の効果を生じやすい。

ところで，⑤についてヨリ根本的な問題は，裁判の目指す正義とADRの目指す正義との異同ということである。それが明確に分からないと，学生は学習上混乱するだけでなく，最悪の場合には法律（学）の勉強に精魂を傾ける意欲を喪失するだろう。ADRの問題は実は正義とは何かを問う根源的問題なのである。この意味においてADRの論議に法哲学（者）は関わるべきであり，関わらざるを得ないのである。厳しい時間的制約の中でいささか冗長にADRについて述べてきたのはこのことを理解していただきたかったからである。この言葉を述べればもう本報告は終わりにしてよい。

ADRの正義論として「両当事者の真の合意と，それによって

正当化される正義性」ということが主張される。この点について一言しておきたい。

　私的自治の領域の紛争について合意による紛争解決ができるのは当然のことで，裁判はそれができないときに備えた法的装置である（裁判手続に入ってからも合意による解決は常に可能である）。裁判と対比してADRをことさらに強調するのは，制度設計者＝政府の側からの，コスト削減などを動機・理由とする意図的な紛争解決の政策の選択であることを疑わなければならない。

　裁判手続は長い歴史的経験に基づき特有の「対話的合理性」に関するキメ細かい法的手当を設けている。ADRにおけるそれはヨリ実質的であるにせよ，粗雑に過ぎるうえ，現実には容易に無視，軽視される危険を孕んでいる。わが国の調停の交互面接方式などはその悪しき適例である。

　「真の合意」なるものは実際には理想か，幽霊のようなものでほとんど存在しがたい。（達成可能なおおむねの合意は，「真の合意」に近似し，当事者がなんとか容認しうる程度のものだろうし，それで足りよう。）ADR論者の裁判とADRとの比較はフェアでないと思う。現実の様々な欠陥を持った存在としての裁判と理想的なADR像とを比較するのだから。ADR論者の多くは裁判制度の改革にあまり情熱を示さない。例えば，彼らは国際比較からみて異常に寡少な日本の裁判官数をどう考えているのだろうか。

　やや卑俗な比喩を許していただければ，裁判制度の改革よりもADRに熱心なのは，男女間において現在のパートナーとのヨリ良き関係の確立に努力せず，どこかに存在するはずと思う理想の恋人を追い求める愚に等しいのではあるまいか。

最後に附言する。管見の限りでもすでに法哲学者の間において ADR そして本報告で言及を省略した RJ や要件事実論は注目されだしている。例えば、森村進教授によるリバタリアニズムの立場からの ADR および RJ 論[8]、高橋文彦教授による ADR、RJ さらに要件事実論の検討[9]が挙げられる。このような問題関心がヨリ多くの法哲学者によって共有されることを期待し、かつ願望する次第である。

注

1) 本稿に述べることは基本的に、拙著『続・裁判法の考え方――司法改革を考える――』(2000, 判例タイムズ社) とくに 53 頁以下・112 頁以下、拙著『法の支配と司法制度改革』(2002, 商事法務) とくに 21 頁以下・71 頁以下・141 頁以下に述べたことの繰返しである。本稿の本文は 30 分という厳しい時間的制約下でなされた報告の再現ゆえ舌足らずなことを否めない。せめて注記でやや敷衍したいのだが、紙幅の制限上注記も最小限にとどめざるを得ない。上掲二著の参照をお願いできれば幸いである。

2) 最近の状況については、下条正浩「日本の外国弁護士受入制度の変遷」自由と正義 2003 年 12 月号 68 頁以下、など参照。なお、下条弁護士 (前・日弁連「外国弁護士及び国際法律業務委員会」委員長) に対しては 2006 年 10 月にインタヴューを行い、最近の状況についてご教示を得た。記して謝意を表する。

3) RJ とくにピュアリストの立場では顕著だが、ADR においても (その捉え方によっては) 正義論への問いかけが伏在しているとみられる。この点については、例えば、前原宏一「修復的司法と裁判外紛争処理 (ADR)」細井洋子ら編著『修復的司法の総合的研究――刑罰を超え新たな正義を求めて――』(2006, 風間書房) 58 頁以下、高橋

文彦「矯正的正義と修復的司法に関する一試論――東ティモールのCAVR調査を契機に――」明治学院大学法律科学研究所年報22号（2006）所収，参照。
4) RJ についてであるが，西原春夫教授は注目すべき言明をしている。「〔RJ について〕刑事司法機能の『外注化』（つまり下請け。修復的司法はコストが安く効率がよいという一部の主張が政界，行政界にアピールしている現実）であってはならないと警告されよう。」前掲『修復的司法の総合的研究』ⅴ頁）。全く同じことが ADR についても指摘できるのであって，これは EU などの ADR 政策をみれば明らかである。近く施行されるわが国のいわゆる ADR 法もこういう視点からの警戒的考察が必要だといわなければならない。残念ながら，わが国の ADR 論議にはそういう警戒心がほとんど欠落しているようである。ちなみに Lindblom は，EU やヨーロッパ審議会（the Council of Europe）が法の支配の保障の重要性と ADR の拡大的適用をともに強調する矛盾を鋭く指摘している。後掲注5）の英語論文 p. 23.
5) Per Henrik Lindblom, ADR—the opiate of the legal system? Perspectives on alternative dispute resolution generally and in Sweden.（未刊，近くロンドンの出版社から刊行予定とのこと。）同一内容のスウェーデン語論文はすでに刊行されている。ADR—opium för rättsväsendet? Synpunkter på alternativ tvistlösning och valfri civilprocess, Svensk juristtidning, 2006. nr. 2, s. 101. この論文は2005年11月にフィレンツェで行われた国際訴訟法会議のセミナーで討議されたが，少なくとも出席者の若干名は同意見のような印象を受けたと彼はいう。p. 1. 彼は ADR を「正義へのアクセス」の第三の波とする見解に対して根本的な疑問を提起している。pp. 5-6.
6) 濱野亮「日本型紛争管理システムと ADR 論議」早川吉尚・山田文・濱野亮編著『ADR の基本的視座』（2004，（不磨書房）49頁。
7) 濱野・前掲注6）論文41頁。
8) 森村進『自由はどこまで可能か　リバタリアニズム入門』（2001,

講談社新書)第 3 章 (85 頁以下)。
9) 高橋文彦「法哲学から見た『法と対話』」法律時報 78 巻 12 号 (2006), 同・前掲注 3) 論文。★ 高橋教授は上記諸論文等を加筆修正して『法的思考と論理』(2013, 成文堂) という一本にまとめられた。とりわけその「はしがき」を読むことで実定法学者や実務法曹にとっても氏の論考の理解がヨリ容易になったと考えられる。

The Justice System Reform and its Impact on Legal Education

HAGIWARA Kaneyoshi

The Justice System Reform has introduced the "American Style" law school (graduate school) system while keeping with the existing faculties of law at undergraduate level. Its impact on legal education at the latter is apparently enormous but, strange to say, to this date this problem has never been seriously debated.

It would appear to be an excessive dualistic structure in legal education; a hybrid or compromise of the American legal education system with that of the continental law countries. Then, in what way should legal education at undergraduate level be transformed? The answer or solution is not easy because the matter is closely related to manifold problems which go beyond education. I propose the main feature of faculties of law should transform into general arts education focused on law. In addition, sufficient practical vocational education for para-legals should be made available for students not aspiring to enter law school (probably they constitute the majority).

I also mention something about the relationship of legal education in law schools and legal philosophy. While practice oriented education is emphasized in law schools, it is also vitally important for students to gain an insight into the fundamental problems of law and lawyers. In this regard, legal philosophy plays an important role. One of the present problems which require urgent philosophical thought is, in my view, ADR (Alternative Dispute Resolution). ADR is gaining popularity in many countries, including Japan. However, I have doubts as to whether ADR is really consistent with the rule of law. Is justice under ADR the same as that under judicial procedure? If it is not, how is it different and how is the difference justified? It is expected that legal philosophy will provide the correct answer to these questions, especially in this country where "quasi rule of law" dominates.

第3

法の担い手の特殊日本的存在形態としての準法曹

1. 法の担い手をめぐる語義の多様性

「法の担い手」という言葉の意味するところはやや漠然としている。辞書的定義によれば「担い手」とは「中心となって物事をすすめる人，ささえ手」であり，「生計の担い手」，「新生国家の担い手」が例として挙げられている（『広辞苑』）。この意味では，法の担い手とはその職業ないし職務として法の形成や運用にかかわる人を指すといえるであろう。あるいは，最広義における法の担い手は一国の国民全体といえるかもしれないが[1]，「中心となって」という限定にかんがみ，これでは拡散し過ぎて不適切である。しかし，その範囲は限定基準の取り方で異ならざるをえまい。そしてどんな限定基準を採用するかは結局，論者の国家・社会における法文化[2]のあり方の理解にかかわることになろう。

本特集においては，「法の形成・運用にかかわり，これを担うのがどのような人たちであるのかは，それぞれの法文化のあり方と深くかかわり，そこで法を何と理解し，その法がどう担われる

かによって実に多様であります。決して専門法律家（法実務家・法学者）だけではなく，それ以外にも法の担い手はいろいろな形で存在しています。」とされている[3]。本稿は同様の基本的前提に立って，先進諸国のなかではきわめて特異な様相を呈する日本における法の担い手の存在形態としての「準法曹」とその包蔵する問題点について若干の考察をこころみるものである。

ところで，専門法律家（法実務家・法学者）という場合に，わが国で直ちに問題になるのは，法学者[4]はともかくとして，法実務家の範囲である。裁判官，検察官，弁護士それに公証人がこれに属することについては異論があるまい。もっとも，裁判官，検察官，公証人のなかには法曹資格を有しない者が含まれており，厳密にいうとこれらの者を除外すべきではないかとの疑義が出るかもしれない（「法曹」の定義については後述する）[5]。しかし，法の担い手という見地からはその職務にかんがみ法実務家と扱うべきことは自明だろう。

が，それはそれとして，わが国では法の形成や運用にかかわる職務をおこなう者として，上記以外に多種多様な人たちが存在する。思いつくままに挙げても，内閣法制局や衆議院・参議院法制局の職員，企業の法務担当者，司法書士，行政書士，税理士等々である。そして，このような法の担い手の存在形態は，この国の法文化と密接不可分に関係しているように思われる。日本の法文化を論ずる以上，準法曹の問題に深い関心を抱かざるをえないゆえんである。

本稿で用いる用語の定義について述べておく。

実は最も一般的に使われる「法律家」という言葉自体その定義

第3　法の担い手の特殊日本的存在形態としての準法曹　79

は必ずしも自明ではないのだが[6]，わが国では「法曹」という語がときに法律家の同意語，ときにそれとは異なる意味（より狭義）で用いられており，これを欧米語に的確に翻訳することはきわめて困難である[7]。結局，国際比較をする場合などには，取り扱う問題の性質に応じて概念規定を考えてゆくほかあるまい（たとえば，いわゆる法曹人口の国際比較はその一例である。基準の取り方いかんで数値が大きく変わってしまう）[8]。本稿ではさしあたり，以下のように定義することにする。

　法曹（資格を有する者）とは司法試験に合格し，かつ原則として司法修習を終了している者を指す。これが一般の用語法だと思われるが，例外的に司法修習を経ずに法律関係の職務，業務に従事している者も含めることにする。

　準法曹とは法曹以外で法の担い手としての職務，業務に従事する者をいう。準法曹の同意語として「準法律家」という言葉も用いられている[9]。しかし，準法曹（団体）のなかには自らを法律家と位置づけているものもあり[10]，また内閣法制局の参事官などは最高水準の法律家ともいえるのであって[11]，準法律家という呼称は必ずしも適切でないと思われる（筆者自身この呼称を用いたこともあるが）。それに準法曹という範疇によってそのなかに法曹資格を有しない簡裁判事，副検事，公証人を含めることが可能である。（彼らは法律家ではあっても，法曹ではないことになる。法律家という言葉は一般に法曹よりも広義に使われているのである。念のために附言すれば，最高裁の裁判官については弁護士法6条により弁護士資格が与えられるので，前歴にかかわりなく法曹の範疇に入れるべきである。）

　わが国において法曹という言葉はすでに中世以前から使われて

いたといわれるが[12]、現在のような意味で用いられるようになったのは近代以降のことである。

この関係で注目に値するのは、弁護士史における弁護士概念について「狭義の弁護士」と「歴史的範疇における弁護士」とを分ける見解である[13]。前者は近代的意味の弁護士すなわち実定法上の弁護士概念であり、後者は「訴訟の補助者及び法律の助言者」を意味する。この二つの概念を提唱した瀧川政次郎博士は後者を近世までについてのみ使用するが、橋本誠一教授は近代以降についてもこれを用いる。しかし橋本教授の用法の場合、その外延はどこまで及ぶのであろうか。たとえば、訴訟活動に関連して企業法務担当者、隣接法律専門職種のどこまでがそれに相当するのか（あるいはしないのか）、直ちにさまざまな疑問が湧いてくる（準法曹の外延については2. で述べる）。

また、この二つの概念はヨリ広く「狭義の法曹」と「歴史的範疇における法曹」すなわち「訴訟の補助者及び法律の助言者」を含む「実質的に法律家、法曹の職務をおこなう者」の意味で用いることができるかもしれない。しかしこの場合にはその外延の確定が一層難しくなる。結局、この二つの概念を使用してみても準法曹の範囲の画定はやはり困難といわざるをえないのである。（準法曹の範囲の確定の困難性は、弁護士資格に関する弁護士法5条の規定の煩雑さからも推知される。）

準法曹の分類に関する試案について。

準法曹は組織に属するか否かで、「組織内準法曹」と「組織外準法曹」とに大別することができよう。前者は国家・地方公務員や企業における準法曹であり、後者は隣接法律専門職種に属する

準法曹である。しかし、とくに前者の場合公務員の職務は程度の差こそあれほとんどすべて法の執行にかかわるからその限界設定はすこぶる難しい。後者についても前者ほどではないにせよ、やはり限界設定には困難を伴う（たとえば、社会保険労務士や土地家屋調査士をどうみるか?）。また、弁護士事務所職員（パラリーガル的な）は被用者という意味では組織内準法曹というべきかもしれないが、小規模の事務所に雇用されている者については無意味な分類であろうか。そういう難点はあるものの、この分類は準法曹問題を検討するうえで一定限度有意義な分類だと思われる。

　もう一つ重要と考えられるのは、規制行政に着目した「規制する準法曹」と「規制される準法曹」という分類である。前者は中央省庁のいわゆるキャリアの公務員（官僚）を指す。現行実定法規の大半は行政法規であり、その立案の中心になるのも、立法後の運用の主導権を握るのも彼らである。両者の関係の例示としては税務行政における財務省主税局や国税庁のキャリア公務員と一般税務職員、税理士との関係が挙げられよう。この分類は、準法曹問題が法の支配に与える負の影響を考察するときに有用であろう[14]。

　なお、本稿では「法律家」についてとくに定義せず、法曹以外に法律家のなかに含まれる者の範囲がどこまでかは、社会通念ないしそれが使用される文脈による決定に委ねることにしたい（すなわち、自称を含めて準法曹の全部または一部を法律家ということがある）。

2. 準法曹とその法規制の現状

　組織内準法曹については原則としてそれ特有の法規制があるわけではないから，ここでは組織外法曹に関するそれをみることになる。組織外準法曹については，弁護士における弁護士法と同様に，基本的な法規制は各種の業法によってなされている。業法について述べる前に，直接・間接に法律に関連する専門職種（業種）は実に多数に上るので，準法曹とすべきものの範囲を決定しなければならないが，かねて筆者は司法書士，行政書士，税理士，弁理士，社会保険労務士に一応限定している。司法制度改革審議会意見書（以下「司法審意見書」という）は「隣接法律専門職種」という呼称を用い，そのなかに土地家屋調査士も含めている。これは土地の境界（筆界）紛争に関する ADR（**7.** 参照）を念頭に置いてのことであろうか。なお，同意見書は社会保険労務士に言及していないが，福祉国家における社会保険関係法令の重要性にかんがみこれも準法曹に含めるべきだと考える[15]。

　これらの準法曹に関する業法を列挙すると，司法書士法（昭和25年法律197号），行政書士法（昭和26年法律4号），税理士法（昭和26年法律237号），弁理士法（平成12年法律49号）および社会保険労務士法（昭和43年法律89号）である。これらを通観して注目されるのは，第1に刑罰による業務の保護規定があること，第2に資格取得について試験免除や所管大臣の資格認定の制度があること，第3に監督官庁の監督権が強大で，専門職の団体自治が微弱なことである。そしてその帰結として，法律専門職としての高い水準の客観的確保の不十分性と官の監督による職業倫理の維持

という法律専門職の基本にかかわる問題点が析出される。

　もっとも，刑罰による業務の保護規定の先蹤は弁護士法である。現在の弁護士法72条の前身は「法律事務取扱ノ取締ニ関スル法律」（昭和8年法律54号）であり，上記の各業法における罰則規定はこれをモデルとしたものとみられる[16]。この問題について筆者はかつて次のように述べた。再説を避けてここにこれを引用する。いささか長文にわたるが許されたい。

　「およそ弁護士ないし法律専門職がその職域を確立していくためには，かなりの日時を要するのが通例である。とくに我が国の場合は，幕末まで知的職業としてのそれが存在せず（公事宿，公事師をどう評価するかは別論として），明治期に我が国の法伝統とは全く異質な西欧法の継受を主として政治的理由に基づき行ったのであるから，職業としての法律専門職の確立がきわめてゆがんだ形で展開することになるのは事理の必然ともいえよう。そして法律専門職がその職業的利益の擁護を国家法の刑罰規定に求めることにも刑事・行政法中心の律令制以来の法伝統・法意識と整合的な面があることを否定できない。」しかし，比較法的にみても「刑罰規定による業務独占の確保が必ずしも最適の方策とはいえないし，それが利用者＝国民の利益に合致するものともいえまい。我が国の場合はとりわけ，縦割りの規制行政のもと，多くの法律専門職……が分立し，しかもそのすべてが弁護士法72条に類似する禁止規定を有するため，この問題点が大きく露呈している。」[17]

この刑罰による業務の保護の反面，いわばトレード・オフとして準法曹は所轄官庁の厳重な監督権に服している。これは法律専門職としての準法曹にとって決定的な弱点である。たとえば税理士については，依頼者に対する守秘義務よりも何か不公正なことを発見した場合の税務署への報告義務が優先されていることが指摘されているのである[18]。

　他方，組織内準法曹については一般的に職業倫理の確保やサービス利用者によるコントロールの手段がない[19]。公務員については行政手続や行政訴訟の実効化さらに公私のオンブズマン制度，企業については法令コンプライアンスや消費者訴訟の実効化に期待するほかあるまい[20]。弁護士と異なり，専門職団体の自治機能の欠如は，法的サービスの利用者＝国民の側からみても問題がある。けだし，利用者からのクレイムが官の監督権＝規制行政の強化と連動してしまうからである（たとえば司法書士法49条1項，税理士法47条3項参照）。

　弁護士については公私の組織に勤務している者であっても弁護士倫理の遵守を要求され，これに関する弁護士会の統制に服する。弁護士が組織内法曹として活躍することは弁護士倫理の確保，サービス利用者によるコントロール（弁護士法58条1項）の見地からも大きな意味があるといえよう[21]。論述が準法曹の問題点にまで入りかけてしまったが，この点については **5.** で改めて取り上げることにしたい。

　最後に，準法曹人口に関する統計数字を挙げておく。司法書士18,714（2007年7月1日現在（以下，「現在」を省略），行政書士39,323（同年6月末日），税理士69,971（同日），弁理士7,276（同年7月末日），

社会保険労務士31,316（同年6月末日），総数は166,600である。ちなみに，弁護士の数は23,132（同年5月末日）である。両者の合計は189,732，すなわち，わが国には以上だけでも20万人に近い法的サービスを提供する専門職が存在するわけである[22]。この事実を看過した法曹人口（比較）論の有する大きな限界を知るべきであろう。

3. 比較法瞥見

これまで日本における準法曹の比較法的特殊性を前提にして論述を進めてきたが，この問題について確認の意味で比較法的な概観をこころみよう[23]。

法的サービスを提供する法律専門職のあり方については比喩的にいえば，富士山型と八ヶ岳型があり，欧米諸国のそれはおおむね富士山型である[24]。たとえば米国の場合，弁護士がさまざまな法分野に専門分化している。弁護士二（多）元制はフランスでは消滅したし，英国でも統合の方向に動いている。

これに対して，先進諸国のなかで日本は完全な八ヶ岳型である。準法曹が縦割り規制行政の産物という一面が濃厚なことを如実に示す例証といえよう[25]。しかし，このような八ヶ岳型は二つの面から大きな変容を迫られるのではないかと予測される。

一つは国内的要因であり，この国の法的サービスの利用者のニーズへの対応である。現在のような準法曹の林立では利用者の側の多様なニーズに応えるのが難しい。ワンストップ・ストア的な法的サービスに対する需要がますます強まるだろう。事実，最近は司法書士，行政書士，税理士などをスタッフとして有する弁

護士事務所が次第に増加しつつある[26]。

もう一つは国際的要因である。WTOは2015年（？）までにGATS（サービス貿易一般協定）を完全実施することを目指しているが、その対象となるサービス業務のなかには弁護士や準法曹のそれも包含されている。この自由化の実現は弁護士はもちろん、準法曹にも及ぶ可能性がある。なぜならば、外国資本の強大な法律事務所は、利潤の最大化を求めて経営的に旨味のある限り準法曹の業務を吸収しようとすると思われるからである。準法曹が生き残りうるとしても、それは経済的に魅力のない部分に限定されてしまうかもしれない[27]。

国際関係の弁護士の間にはGATSを睨んで準法曹（弁理士、税理士、司法書士）を直ちにこのまま弁護士化することを主張する極論さえみられる[28]。いずれにせよ現状のような準法曹の存在形態は法的サービス業務のグローバリゼーションのなかで早晩大きな変容を免れないのではあるまいか。準法曹の林立は縦割り規制行政にとってはすこぶる適合的であり、「分割して統治せよ」という金言にも合致しているであろうが、国内外の要因は次第にそれを困難にしつつあるといえよう。

4. わが国における準法曹制度の系譜

1872（明治5）年施行の「司法職務定制」（太政官無号達）によって初めて代言人、代書人などの制度が設けられたが、現在の制度では代言人は弁護士、代書人は司法書士・行政書士に相当する[29]。代言人は1893（明治26）年公布の弁護士法（いわゆる旧々弁護士法）により弁護士となり、代書人は1919（大正8）年公布の司法代書

第3 法の担い手の特殊日本的存在形態としての準法曹　87

人法により司法代書人と一般代書人に分離された。司法代書人は後に1935（昭和10）年公布の司法書士法（上記司法書士法の前身）により司法書士となった。一般代書人は1951（昭和26）年公布の上記行政書士法により行政書士となった。

　弁理士は1899（明治32）年施行の特許代理業者登録規則による特許代理業者がその濫觴であり，1909（明治42）年に特許弁理士と改称され，さらに1921（大正10）年公布の弁理士法（上記弁理士法の前身）により弁理士となった（弁理士はその高度の技術的性格から他の準法曹とやや区別して考えるべきであろう）。

　税理士の前身は1942（昭和17）年公布の税務代理士法による税務代理士で，1951（昭和26）年公布の上記税理士法により税理士となった。

　社会保険労務士は最も新しく，1968（昭和43）年公布の上記社会保険労務士法により創出された。

　ところで，代言人（弁護士）に加えて代書人（書士）の制度が導入され，それが存続してきた理由は何なのか。導入についてはあるいは英国やフランスからの影響があったのかもしれないが，根本的には当時の国民の法識字率が代書人制度を要請したのだと筆者は考える。すなわち，当時のわが国における識字率自体は世界的にみて誇りうるレベルにあったといえるにせよ，わが国の法伝統とは全く異質な西欧法を導入したため国民の法識字率はきわめて低いため，行政・司法と国民の間に介在して法の内容＝官の意図を国民に伝える一種の翻訳・通訳者（集団）が必要であり，代書人はこの役割を期待され，かつ果たしてきたと思われるのである[30]。代書人は「おそらくは，裁判所にとって代言人ほどのうる

さい存在としてみられなかったのであろう。」[31]という法史学者の見解はこのことを裏づけているように思う。同じ論者は「わが国では、文書が、上意下達の行政行為遂行のために用いられて」きたことを指摘しているが[32]、これは代書人＝司法・行政書士のみならず、準法曹一般に対する需要の必要性の説明についても妥当するといえよう。

法識字率の問題がすでにほぼ解消されていると思われる現在（わが国には膨大な数の法学部卒業生が存在し、国民の法識字率が他の先進諸国に劣るとは考えられない）、依然として多種多様かつ多数の準法曹が存在する。その理由を考えるうえで、「わが国では文書が、上意下達の行政行為遂行のために用いられて」きたという上記指摘はきわめて示唆的である。だが、この問題に関する詳細は節を改めて検討したい。

5. 政治的・社会的文脈における準法曹——その光と影

「光と影」という副題を付したが、主として影の面に焦点を当てて論述する。

司法審意見書は、「司法制度改革の根本的な課題を、『法の精神、法の支配がこの国の血肉と化し『この国のかたち』』となるために、一体何をなさなければならないのか』……を明らかにすることにあると設定した。」と宣言する（3頁）。「この国のかたち」という表現に違和感を覚える向きもあるだろうが、それはともかく著名な憲法学者を座長とするこの審議会は、日本国において「法の精神、法の支配がこの国の血肉と化し」ていない事実を自認していることに注目しなければならない。日本は一応形式的には完全な

法治国家であることにかんがみると、この国の現状は「疑似的法の支配」が瀰漫する「形式的法治国家」とみるのが意見書の言葉の解釈として的確であろう。そして、このような疑似的法の支配が妥当する国家における法の担い手としては国家権力からの相対的独立を大幅に享受する法曹（司法権・裁判官の独立と弁護士自治）よりも準法曹のほうが適合的なことは明らかである[33]。

（社会主義国家においては「法律家（法曹）の実質的準法曹化」が貫徹されていたといえる。欧米の民主主義国家における法律家（法曹）と社会主義国家における法律家（法曹）の準法曹化との中間に、わが国における法曹と準法曹の二元構造を位置づけてみると、準法曹の問題点が鮮明に浮かび上がってくるはずである。「日本は世界で最も成功した社会主義国家」とも形容される（た）ことがあるけれど、これをいわれなき誹謗と断ずることはできまい[34]。）

以上に述べたことは、準法曹が国民に対する法的サービスの面で有してきた、そして現に有するプラスの面を否定するものでは決してない。準法曹はしばしば、安価でかつ分野によっては法曹よりも適切な法的サービスを提供することができるのである[35]。実は行政は巧妙に準法曹のこのようなメリットとこれに対する国民のニーズに対応し（ときにこれを先取りして）その権益の確保、拡大のために利用してきた面がある[36]。具体的には当該省庁の権限の拡大強化、職員の天下り先（再就職の場）の確保、国政選挙の場合の準法曹団体の集票マシーンとしての機能などが挙げられる。わが国において準法曹に限らず、実に多くの「士」や「師」のつく法定の専門職が増殖している背景には、ますます複雑化する社会における国民＝消費者一般の側からのニーズがあることを

否定できないけれど，これに便乗した官の側の利己的戦略があることも明確に認識されなければならない。こういう認識はとりわけ準法曹問題に対する基本的スタンスを決定するために重要である。

ところで，大学の法学部はこのような準法曹の大量生産工場として機能している。しかも法学部（教員）はこのことに無自覚的である。ここでは法学教育を含めてわが国の準法曹制度の問題点を的確に捉えた故田辺公二判事（傑出した裁判官であると同時にアメリカ法の権威であった）による半世紀前の指摘を引用するにとどめる（座談会における発言なので，引用者において若干整理した）。氏はこういう。

「第1に，（組織内）準法曹は一定の組織のなかで昇進してゆくので，その組織の政策にしたがって法律を解釈し，運用することになるのが必然である。第2に，彼らはその分野の法律についてはよく知っているが，広く他の分野の法律との関係，とくに訴訟のことについてはよく知らないので，偏った解釈をしたり，依頼者に不正確な助言をしたりする危険がある。第3に，法規の意味を公正な第三者が判決をしたらどうなるかという見地から考えないで，学校で習った学説の体系を基にして演繹的に極めて権威主義的な解釈をする危険がある。大学の講義を聴いただけだから，訴訟を念頭において一人の人間の運命にかかわる紛争を本当に解決するためには，法律というものはどのように適用すべきかという法律観を持つことがどうしても難しい。一つの政策を実現するために使

うものという法律観を持つことになりがちである。」[37]

　第1について附言すれば，組織外準法曹も所轄官庁の政策・法解釈に異を立てないことが暗黙の前提とされている点からみれば，「組織の政策にしたがって法律を解釈し，運用する」ということでは変わりがない。田辺氏の指摘はすべての準法曹に妥当するといえるのである。

　司法制度改革の一環としての法科大学院制度の創設は，このような法学教育と準法曹制度の影の面を克服し，真の意味の法の支配を確立するために必要不可欠だったといわなければならない。

6．法科大学院制度と準法曹

　このようにして，司法制度改革の一環である法科大学院制度が発足した。しかしその制度設計にあたって既存の法学部との関係はほとんど考慮されていない。この奇妙な二重構造は準法曹問題に新たな難問を投げかけるものである。問題の根源は，司法審意見書が法科大学院問題と準法曹問題とは実は不可分一体の問題であることを明確に認識していなかったことにある[38]。

　今後の予測として，法科大学院卒業生のうち司法試験に合格できる者は2-3割程度に過ぎないだろうといわれる。このことは法科大学院の存在意義を危うくする。これは法科大学院の側，司法試験をおこなう法務省の側のいずれか，または両者に責任があることを意味しようが，今この問題に言及する紙幅がない[39]。ここでの問題は，法科大学院卒業生の司法試験落第生にとって準法曹は残されたほとんど唯一の選択肢になるだろうということ

である[40]。

　法学部卒業生ならば，法律と無関係な職業，職域に進むことは従来もごく一般的だった。しかし，法科大学院卒業生は異なる。彼らは法曹になるべく貴重なマネーと時間を投資した「法務博士」という大仰な称号を有する司法試験浪人なのである（いわゆる「三振法務博士問題」）。現在の法曹養成教育における一種の三権分立——文部科学省・法科大学院，法務省・司法試験管理委員会そして最高裁判所・司法研修所——が今後とも続くならば，準法曹市場は拡大・増加の一途をたどるほかあるまい。日本の法学教育すなわち法学部と法科大学院は不断に大量の準法曹（予備軍）を産出し続けるからである。準法曹問題をいかに解決するかは，おそらく今後のわが国のあり方を決定する最重要課題の一つとなるであろう。これは決して誇張の言ではないと信ずる[41]。

7．ADRと準法曹

　ADR（Alternative Dispute Resolution，代替的紛争解決）は紛争解決制度とその理論における時代の寵児ともいうべき存在である[42]。かつてわが国における権利意識の欠如の顕著な例証とみられていた裁判所調停や訴訟上の和解は，今やADRの先駆的存在ないし一つのモデルとしてわが国の論者によって誇示されたり，外国の観察者から誤解的に賛美されたりさえしている[43]。

　ADRの世界的盛行の原因は複雑であるが，ここには言及する余地がない。しかしその重要な一因として，政府＝政策決定者の立場からする安上がりの紛争解決システムの構築という面があることを看過してはならない。とくにわが国のように，裁判官数が国

際比較からみて異常に少なく，したがって訴訟事件数も僅少な国において ADR の強化が過度に強調されるときはそうである[44]。司法審意見書においては，裁判官数の大幅な増員は全く問題にされず，他方 ADR の担い手の養成は強調され，その給源として準法曹が注目された。これは意見書が強調する法の支配の確立と果たして整合的といえるのか，筆者はかねて疑念を呈してきた[45]。しかし，意見書の基本路線は司法制度改革推進本部の ADR 検討会によってそのまま踏襲され，いわゆる ADR 法の制定をみるに至っている。

　筆者は ADR に対する積極的評価の先駆的提唱者の一人に属すると自負しているが，最近の手放しともみえる ADR 賛美論の風潮にはかなり警戒的であって，わが国の ADR 論議に根本的な疑問を提示する法社会学者濱野亮教授による日本的紛争管理システムという説に基本的に賛同したい。氏によれば，日本型紛争管理システムの特徴は，①小さな司法，②行政領域の包括性，③法律相談の広汎な制度と非党派性，④ ADR の広汎な展開，⑤法的ディスコースの抑制の5点である[46]。そして，このような日本型紛争管理システム＝争訟回避システムの「メカニズムの構築と運用の背後には，国家の官僚が紛争それ自体を『管理』し，それを通じて，私人の集合体としての社会を『管理』するという発想が潜んでいる。それはわが国では，少なくとも今日，あまりに当然視されていて，言語化して論じられない暗黙の前提となっている。これが ADR 論議を目に見えない形で制約しているのである。」[47] 見事な洞察である。こういう日本型紛争管理システム下での ADR の最適の担い手として準法曹が登場してくるのは事理の必然といえよ

う。

　谷口安平教授は，世界には異なる「紛争文化」ないし「紛争処理文化」と呼ぶべきものが存在することを指摘している。ある研究によれば，ドイツとオランダは国境を接するだけでなく，経済的・宗教的に多くの面で共通であるにもかかわらず，法文化においては大いに異なっており，たとえばオランダではドイツに比べて民事訴訟件数が非常に少ないという[48]。

　この紛争処理文化が法文化の一面を成すことはいうまでもない。準法曹はわが国の法文化に適合的であり，他面，準法曹の存在が特有の法文化の形成に大きく寄与してきたという相互作用，相補的な関係がみられるのである[49]。

8．結　語――司法制度改革の帰趨と準法曹の行方

　以上にみてきたように，わが国における法の担い手としての準法曹という存在は，形式的法治主義，疑似的法の支配と密接不可分に関連している。法の支配の確立を強調しながら，疑似的法の支配の所産というべき準法曹制度の改革に関心を示さず，法科大学院制度を創設し，法曹の大量増員を企図しながら，ADR の担い手としての準法曹の役割の重要性を主張する司法審意見書＝現行司法制度改革の基本路線はいわば自己分裂であり，当然の結果として大きな混乱を招来しつつある。司法制度改革の帰趨は一体どうなるのか，全く予測を許さない。準法曹制度の行方もそれと密接に関連する。すでに法学教育の現場を退いた筆者としてはいたずらに悲観的な展望を述べて「予言の自己実現」に手を貸すような愚かで無責任な言動は慎みたい。法学教育を含めて司法制度

改革それ自体は，早晩この国にとって不可避的な事象というべきものだからである。しかし，根拠なき希望的観測による楽観論も大きな禍根を残すだけだろう。率直にいって複雑な心境である。いずれにせよ，21世紀の日本の法文化が大きな地殻変動を迎えつつあることは確言して誤りないであろう[50]。

注
1) とはいうものの，とくに2009年から実施予定の裁判員制度を視野に入れると，刑事司法の場合，国民全体を法の担い手とみることは現実的重要性を帯びてくるといえよう。裁判員制度のもとでは有権者であるすべての国民が法の適用にも関与することになるからである。
2) 法文化論一般については，さしあたり六本佳平『日本法文化の形成』放送大学教材（放送大学教育振興会，2003）166-190頁参照。
3) 「『法の担い手たち』原稿募集のご案内」法文化学会報（Legal Culture）第7号（2006）4頁（編集担当・佐々木有司教授による）。
4) 戦後の学制下における法学者の大部分は司法試験を受験しない（いわゆる基礎法学の分野は別としても）。法実務家と法学者のコースが法学生当時から分離している。これも法制度として最も親近性を有するドイツや米国と対比すると，わが国に特異な現象だと思われる。
5) 簡易裁判所判事の大部分，公証人の一部および副検事は法曹資格を有しないのが実情である。法律上は，最高裁判所の裁判官さえ法曹資格を要求されず，副検事から検事総長になることまでも可能である。以上について裁判所法，検察庁法および公証人法の関係規定参照。なお，公証人の大部分は法曹（ほとんどは判・検事の退官者）であるが，少数ながら地方法務局長経験者などの非法曹が存在する。
6) たとえば，スウェーデンのある学者はこれを「法学の基礎教育を終了した者＝大学法学部を卒業した者」の意味で用いている（拙著『ス

ウェーデンの司法』(弘文堂, 1985) 68 頁, 77 頁注 (53))。この定義は同国において実定法上法学部の卒業がわが国における司法試験合格と同視されていることによる。なお, 卒業後の司法実務修習は別に存在し, これを終了した法律家は「司法実務修習終了法律家」とよばれる。これはドイツの完全法律家 (Volljurist) に相当する。後掲『法曹の比較法社会学』13 頁参照。本稿が法曹概念に司法試験合格者で未修習の者も含めるのは, このような法律家概念と照応させるためでもある。

7) 「法曹」という語の考察については, 広渡清吾編『法曹の比較法社会学』(東京大学出版会, 2003) 12-15 頁 (広渡執筆) が有益である。

8) **2.** の準法曹人口に関する統計数字を参照。

9) 拙著『法の支配と司法制度改革』(商事法務, 2002) 74 頁 (注 5), など参照 (以下, 簡単のため, 拙著に引用した文献やその内容については, 原則として拙著の引用頁のみを記することにする。ご了承を乞いたい)。

10) 同書 74 頁 (注 6) 参照。

11) 内閣法制局職員の有する強烈な法律家としての自負については, たとえば前田哲男『自衛隊　変容のゆくえ』(岩波新書, 2007) 233-234 頁参照。なお, 内閣法制局の憲法判断の重要性について長谷部恭男『憲法とは何か』(岩波新書, 2006) 111-112 頁参照。

12) ただし,「ほうそう」でなく,「ほっそう」と発音されていた。水林彪他編『新体系日本史 2　法社会史』(山川出版社, 2001) 118 頁 (新田一郎執筆),『精選版日本国語大辞典』(小学館, 2006)。もっとも『新訂徒然草』(岩波文庫, 1985 改版) 205 段には「法曹」の語がみえるが,「はふさう」と振り仮名されている (343 頁)。ちなみに, 法曹という語は中国の古典に由来するが, 現代中国では法曹という表現はほとんど用いられておらず, 他方韓国, 台湾とくに後者では日本と相似的な意味で使われているという。前掲『法曹の比較法社会学』12, 14 頁による。

13) 橋本誠一『在野「法曹」と地域社会』（法律文化社，2006）167-171頁による。ちなみに，同書の前半「第一部　弁護士鈴木信雄と近代地域社会」は，筆者が判事補として静岡地方裁判所に在任当時面識のあった同弁護士の個人史を扱うもので，その未知の一面も窺うことができ，大変興味深かった。
14) 拙著『続・裁判法の考え方』（判例タイムズ社，2000）36-41頁，拙著・前掲『法の支配と司法制度改革』22頁，31頁（注7）参照。なお，規制行政は近年とみに緩和されつつあるといわれるが，司法制度改革に関連する問題に関する限り，筆者にはどうもそうは思えない。（規制緩和一般についていえば，真に緩和を必要とするものがされておらず，逆に緩和すべきでないものがされているという印象を拭えない。念のために附言すれば，もちろん規制それ自体が悪なのではなく，法の支配に背馳する規制行政が問題なのである。）
15) 拙著・前掲『法の支配と司法制度改革』72-74頁。もっとも，福祉国家とは言い換えれば行政国家，重税国家であるが，その典型例というべきスウェーデンには，税理士や社会保険労務士に相当する職種は存在しない。行政書士，司法書士に相当するものはもちろん存在しない。ちなみに，国際的にみて準法曹事情がわが国に近いのは韓国のみのようである（前掲『法曹の比較法社会学』210-211頁（尹龍澤執筆））。
16) 拙著・前掲『続・裁判法の考え方』116-117頁参照。
17) 同書119-120頁。なお，「法律事務取扱ノ取締ニ関スル法律」に対する評価について，橋本・前掲『在野「法曹」と地域社会』279頁参照。
18) 日本弁護士連合会弁護士業務改革委員会　21世紀の弁護士像研究プロジェクトチーム編「いま弁護士は，そして明日は？」エディックス，2004）348頁（森山文昭弁護士のシンポジウム発言）。なお，拙著・前掲『法の支配と司法制度改革』32頁（注11），86-87頁参照。ちなみに，弁護士（会）についても広範な自治権が認められるのは，戦後の現行弁護士法に至ってからである。

19) 裁判官については裁判官訴追委員会があり，何人も訴追委員会に対して訴追を求めることができる（裁判官弾劾法 15 条 1 項）。
20) 企業法務の問題点を論じた論考は少なくない。企業法務の最上の理解者の一人と思われる星野英一博士が企業法務担当者に対してすこぶる批判的な言及をしているのはとくに注目に値する（同『心の小琴に』（有斐閣，1987）125-126 頁）。また，竜嵜喜助「斜断的会社法務部論」同『法学断想』（尚学社，2005）158-182 頁は，軽妙な筆致で企業法務に対する犀利な考察をしており有益である。なお，拙著・前掲『法の支配と司法制度改革』23-24 頁参照。
21) 拙著・前掲『法の支配と司法制度改革』32 頁注 (11) 参照。
22) 行政書士，税理士については日本行政書士会連合会，日本税理士会連合会の各ホームページ，その他の準法曹については日本司法書士会連合会，日本弁理士会，全国社会保険労務士会連合会からのいずれも 2007 年 8 月 7 日付け電話回答による。また，弁護士については『自由と正義』58 巻 8 号（2007）165 頁による。
23) 本節については，前掲『法曹の比較法社会学』参照。
24) フランスにはわが国の法曹に相当するもの以外に多様な法律家が存在するといわれるが，おおむね裁判所付属吏に属する点で，わが国の準法曹とは本質的に異なると考えられる（同書 102-105 頁（山本和彦執筆）参照）。前掲注 15) でも述べたように，韓国は表見的には日本に類似するが，税務士や社会保険労務士の数は人口比を考慮しても日本より著しく少ない（前掲『法曹の比較法社会学』210-211 頁（尹執筆））。
25) たとえば，スウェーデンの税務相談士（skatterådgivare）なるものは公認の資格ではなく，弁護士事務所や会計事務所におけるその仕事の担当者などがそう称しているだけである。「マネー・ローンダリング法（1993：768）」の適用上は，職業的に税務関係の助言を与える者はすべてこれに該当するとされる。
26) 2002 年現在，準法曹が存在する弁護士事務所は全国で約 1 割に達

するという（六本・前掲『日本法文化の形成』207頁）。
27) 拙著・前掲『続・裁判法の考え方』124-128頁参照。
28) 同書129-130頁（注14）参照。
29) 司法代書人と行政代書人の併存については，日本司法書士会連合会・司法書士史編纂委員会編『日本司法書士史（明治・大正・昭和戦前編）』（非売品，1981）59頁，など参照。
30) 拙著・前掲『続・裁判法の考え方』22頁（注3）参照。奥平昌洪『日本辯護士史』（巌南堂，1914）は，代書人制度は人民保護の旨義，旨趣に出たものという（43, 51-52頁）。
31) 前掲『法社会史』518頁（高橋良彰執筆）。
32) 同書510頁。
33) 前述したように，わが国には7万人近い税理士が存在しながら税務訴訟の件数は微々たるものである。ある論考は「日本の税務訴訟数は近年増えてきたとはいえ400程度である。」「わが国の税務争訟の実態は，税法問題を司法の場で争わせない仕組みがあり，万一争われても税務行政が負けることがないようなシステムができているように思われる。」と指摘する（三木義一「勝てない税金裁判とその変化」森征一編『法文化としての租税』法文化（歴史・比較・情報）叢書③（国際書院，2005）155, 157頁）。
34) 最近では準社会主義国家（a quasi-socialist system）という表現もみられる。Michael Zielenziger, "The Japan that just said no", *Japan Times*, Aug. 11, 2007, at 16.

「法の支配の有無という観点から歴史を評価すれば，明治憲法体制は，基本的には徳川時代の延長線にあって本質的な変化はなかった」という指摘がある（庭山正一郎「法の支配と法曹一元——司法改革の目指すべきもの——」宮川光治他編『変革のなかの弁護士——その理念と実践 下』（有斐閣，1993）62頁）。これを援用すれば，その終点（現在時）に準社会主義国家にふさわしい「疑似的法の支配」が位置するといえよう。

35) このような認識の源流は，戦前のいわゆる「三百公認論」，「非弁護士擁護論」にみられ，それ自体は正当に評価されるべき面を有する先駆的見解といえる。橋本・前掲『在野「法曹」と地域社会』249-252頁，263-265頁参照。

36) この点に関連する興味深い考察として，濱野亮「日本型紛争管理システムとADR論議」早川吉尚・山田文・濱野亮編著『ADRの基本的視座』(不磨書房，2004) 50頁およびそこに引用の棚瀬孝雄教授の論文を参照。

37) 拙著・前掲『続・裁判法の考え方』22-23頁（注4）。この発言はジュリスト249号（1962）所収の「座談会 法曹人口」におけるものである。この座談会では現在の司法制度改革の重要な問題点の多くについてきわめて示唆に富む議論がおこなわれている。この座談会記録は今日なお司法制度改革に関心を有する者にとって必読の価値を有する。

38) 拙著・前掲『法の支配と司法制度改革』22-25頁など参照。

39) 直ちに想到されるのは，法科大学院の側が経営上の考慮などから安易な入学，卒業を認めているとか，司法試験が政策上の考慮から合格者数を操作しているとかいう理由であろう。とくに前者について拙著・前掲『法の支配と司法制度改革』89-90頁参照。

40) 拙著・前掲『法の支配と司法制度改革』115頁参照。

41) 法科大学院が実に数々の難問を抱え込んでいる状況については，たとえば米倉明『法科大学院雑記帳──教壇から見た日本ロースクール』（日本加除出版，2007）参照。

42) ADRに関する最近の私見については，拙稿「ADR・調停に関するやや反時代的な一考察」小島武司編著『日本法制の改革：立法と実務の最前線』（中央大学出版部，2007）第Ⅲ部第2章（258頁以下）参照。

43) 「ADRという西洋語は日本社会に馴染みがないかもしれないが，紛争処理方法としては，むしろ，ADRこそ，わが国における紛争処

第 3　法の担い手の特殊日本的存在形態としての準法曹　　101

理の基本型として君臨してきたというべきである。」(濱野・前掲「日本型紛争管理システムと ADR 論議」『ADR の基本的視座』47 頁)という指摘は示唆的である。もっともこれは，わが国の ADR 論議に批判的な文脈においてなされたものである。

44)　拙稿「法学教育に対する司法制度改革のインパクト」『法哲学と法学教育——ロースクール時代の中で——』法哲学年報 2006 (2007) 32 頁以下参照。

45)　拙著・前掲『法の支配と司法制度改革』21-23 頁，など。

46)　濱野・前掲「日本型紛争管理システムと ADR 論議」『ADR の基本的視座』43-44 頁。

47)　同書 49 頁。

48)　谷口安平「和解・国際商事仲裁におけるディレンマ」前掲『ADR の基本的視座』204 頁。同論文の初出および英文については同書 208 頁（注 11）参照。

49)　濱野氏は「そもそも，ADR は，明治時代以来のわが国の法と司法のあり方に適合的な面がある。」という（濱野・前掲「日本型紛争管理システムと ADR 論議」『ADR の基本的視座』42 頁）。

50)　裁判員制度については本稿の対象外であるが，法の担い手，法文化への影響という意味では重要な問題なので一言しておく（前掲注 1）参照）。いわゆる裁判員法の施行を目前に控えながら，未だに反対論が根強く，内閣府の最近の調査（2006 年 12 月）によると「義務であっても参加したくない」が 33.6％，「あまり参加したくないが義務なら参加せざるをえない」が 44.5％ で，両者の合計は 78％ 強に達する。刑事裁判の積弊を打破するためには裁判員制度に大きな期待が寄せられるが，その成否については憂慮すべきものがある。ちなみに，現在の米国の陪審制度についても陪審員の義務を回避する傾向がきわめて強いことが報じられている。"U.S. courts struggle to find willing jurors", *Japan Times*, Aug. 2, 2007, at 8. 裁判員制度への無関心と（日本的）ADR の選好との間には受動的な受益者層化した国民

の意識という点において通底するものがあるように感じられる。しかし，米国でも陪審員回避の傾向が顕著であることを考えると，そのように即断することに躊躇も覚える。なお，わが国では近年人々の間に公権力機関に対する受動的な受益者的姿勢が強くなってきているように思われるという指摘（田中成明『法への視座転換を目指して』（有斐閣学術センター，2005）236, 238 頁）を参照。

第4

日弁連・弁護士界と法科大学院・法曹養成制度

1. はじめに

『文藝春秋』2010年5月号に、新しく日本弁護士会会長に選出された宇都宮健児氏が「日弁連新会長が訴える『弁護士の貧困』」と題する文章を発表された（以下、「論説」という）。私は不敏にしてサラ金等多重債務問題に関する画期的業績で著名な氏が、その経歴からすれば意外と思われる日弁連会長選になぜ立候補したのか、そしてまた会長としてどんな司法制度改革に関する見解を有しているのかについて知らなかった[1]ので、早速同誌を購入して上記論説を一読してみた。そうして私は時計の針が10年以上も逆戻りしたような錯覚を覚え、長嘆息せざるを得なかった。市民派弁護士として終始一貫「消費者そして社会的弱者の権利擁護」[2]のために尽瘁してきた氏を尊敬する点において私は人後に落ちないつもりである。しかし、この国の司法をヨリ良くするために——ということは、すなわちこの国の消費者、社会的弱者の権利擁護を強化することでもあるが——、あえて氏に対する厳しい批判的言

辞を含む本稿を草せざるを得なくなった。私も馬齢を重ねてすでに 79 歳，尊敬に値する人を誣いるような言を吐くことはしたくない。しかし，多年司法制度改革に関する考察を続けてきた一裁判法研究者として，また法曹・弁護士の一人として本稿を書くことは自分の義務に属すると考えた次第である[3]。

2. 立候補の背景・動機について

宇都宮氏は，冒頭で新人弁護士の就職難に関するエピソードを紹介し，弁護士人口の増加がもたらす弁護士による消費者被害という悪影響を指摘したうえで，立候補の背景についてこう説明する。「私を日弁連の会長選にと推す動きが地方の弁護士会から強まったのが昨年だった。もともと私は会長になろうなどと考えていなかった。だが，私を推す有志グループが各地に展開され打診が相次いだ。一方，私自身いまの弁護士界を巡るひどい問題を眺めるにつけ，これは受けて立つにふさわしい仕事だという認識に転じた。それが会長選に私が名乗りを挙げた背景である。」

しかし，この引用からは氏の率直な心情は伝わってくるものの，これでは失礼ながら，氏は長年にわたる司法制度改革の歩みをほとんど理解・検討することなく，その専門分野の多重債務問題の延長線上の問題として日弁連会長選を把握していたように思える。そうでなければ，「これは受けて立つにふさわしい仕事だという認識に転じた」とまで豪語できないだろう。私のように多年司法制度改革の問題の考察に非才を傾けてきた者の目にはいささか安易な認識・決断と映ずる[4]。日弁連という日本の司法制度の重要な一翼を形成する大集団のトップの責任の大きさ，重さを考

えると，氏の上記認識の甘さには首を傾げたくなる。私は氏の立候補そして当選を知ったとき，これは派遣村の村長さんが内閣総理大臣になるようなミスキャストではないかという感想を持ったが，上記引用箇所を読んでその感を一層強くした。(ちなみに，氏は派遣村の名誉村長を務められた。念のために断っておくが，私は派遣村の村長の職を貶めるつもりは毛頭ない。それはそれで極めて立派な仕事であるけれど，それと首相としての適格とは自ずから異なることを指摘したいだけである。)

3. 宇都宮氏の司法制度改革論と司法政策——その1

宇都宮氏は「基本的な司法制度改革の方向性は間違ってはいなかったと思う。」といい，裁判員制度，法テラス，被疑者に対する国選弁護人制度の導入などを評価しながら，弁護士人口の増加には否定的である。「弁護士数だけが増やされ，市民が司法を利用しやすい環境の整備は，なおざりにされたことで『仏作って魂入れず』になってしまった」ことを批判する。この批判はたしかに当たっている面がある。

司法制度改革の問題点の根源には準法曹問題がある[5]。準法曹すなわち宇都宮氏のいう「隣接士業」の職務は諸外国においてはおおむね弁護士が取り扱う法律業務に属する。現在の日本には約17万人の準法曹が存在する。弁護士と準法曹の数を合算すれば，わが国はすでにフランスなどと十分に匹敵しうる法曹人口，弁護士人口を有すると主張することも可能である。法曹人口，弁護士人口の国際比較には慎重でなければならない。

比喩的にいえば法律業務の世界は，他の先進諸国ではおおむね

富士山型（弁護士が各種の法律業務に分岐）であるのに，わが国では八ヶ岳型（弁護士その他の各種準法曹が並列し，所管官庁も異なる）である。しかも準法曹は弁護士法72条に類似する業法の罰則規定によって保護され，その反面所轄官庁の厳重な監督権に服する。そのため，本質的に真の意味で市民に対する法的サービスの提供者たりえない。例えば，わが国には7万人近い税理士が存在しながら，税務訴訟の件数は僅かに年間400件台に過ぎない。税理士は納税者の権利擁護の担い手というよりも税務行政の下請け機関とみることさえできる。準法曹の職種はノンキャリアの公務員の天下り先的な機能も果たしており，このことはとくに税理士や司法書士において顕著である。

このような準法曹の存在は，明治以来のわが国の疑似的法の支配，縦割り規制行政と密接に関連し，抜本的改革は各種の官民の強大な既得権益と衝突する。しかもわが国の大学法学部は準法曹予備軍の大量生産工場としての役割を果たし続けている。あれこれ考えると準法曹問題の解決は困難を極める課題だといわなければならない。

しかし，司法制度改革が法科大学院制度を創出し，法曹人口の大幅な増加を目指すならば，どんなに困難な課題であるにせよ，準法曹問題との取組みは避けて通ることができなかったはずである。これを怠った司法制度改革は実は仏も十分に作っていないのである。その付けとして弁護士界に生じているのが新人弁護士の貧困問題，弁護士という名の高学歴ワーキングプア問題であり，弁護士人口の増加の負の影響におびえる既成の弁護士の危機感なのである。

では，日弁連・弁護士界は全くの被害者なのか？　そうではない。これはある意味では当然の報いだといえる。少なくとも非の一斑は日弁連の側にある。

法曹人口論の系譜を辿ると，日弁連は常に法曹人口の増加と法曹養成制度の改革に反対してきたことが分かる。激しい社会変動と法的サービスの利用者（市民および企業）のニーズに適切に応えることをしてこなかった。世界でも稀な最高度の弁護士自治と弁護士法72条の業務独占規定に安住してきたのである。ノーブレス・オブリージという言葉は個人のみならず日弁連のような団体にも妥当するはずだと思うのだが。司法審の発足は法的サービスの利用者の側から日弁連に突きつけた最後通牒的意味合いも含んでいたといえよう。

自己宣伝めいて恐縮だが，私自身は，1992年に「法曹人口増加論のために」という小論を書いて，その中で法曹人口の増加と法曹の職域の拡大とは密接不可分の関係にあることを指摘し，行政事件における指定代理人制度の廃止，法律扶助と国選弁護の拡大，行政や企業における法曹有資格者の雇用の促進などを主張した[6]。上記のうち法律扶助と国選弁護の拡大の問題を別にすれば，日弁連はほとんどシリアスな努力を傾注してきたとは認めがたい。

この小論では司法修習についても言及し，給与制を奨学金制に変えることを主張した。この点は宇都宮氏の論説で給与制の維持が主張されているので，それに対する反論・応答の意味で私の約20年前の文章をそのままここに引いておく。「弁護士になる者が修習終了後なんら公的義務を負わないのに（渉外弁護士になろうが，

企業の顧問弁護士になろうが自由である），修習中勉強に専念するだけで国から給与をもらえる，という制度を正当化するのは困難だと思われる。弁護士に聞くといろいろ理屈を並べるけれども，率直にいっておおむねの市民は理解に苦しむだろう。……任官者は一定期間在職したら返還義務を免除し，弁護士の場合は法律扶助や国選弁護事件を担当するごとに一定の基準で返還額を減額してゆけばよい。以上に該当しない者には，全額利子付きで返還させるべきである。」

　読者諸氏に，「司法制度の問題は最終的には国の予算の問題に落ち着く。端的に言えば，予算権限を握る財務省に，その制度改革の必要性を認めてもらわなければいけない」と言い放つだけの宇都宮氏の議論と拙論とを対比して両者の是非をご判断いただきたいと思う[7]。この関連でとくに留意すべきは，給費制と司法試験合格者数の制限とは不可避的に連動しているということである。給費制である以上国家予算の直接的な制約を受けるから，これは当然の話である。その結果として受験生の能力とは無関係な合格者数の調整的操作が行われ，法科大学院教育は崩壊の危機に瀕し，多くの法科大学院学生は合格後の貧困問題が云々される前に法曹への道を遮断されてしまうのである。合格者＝司法修習生の貧困問題を救済しようとする善き意図に発した給費制維持の主張は，実は法科大学院学生にとって悪魔の語る福音に等しい。「地獄への道は善意で舗装されている。」という有名な言葉を想起せざるを得ないのである。

4. 宇都宮氏の司法制度改革論と司法政策——その2

　以下では，訴訟に関連する問題を取り上げるので節を改める。

　宇都宮氏のいう民事法律扶助の拡大や提訴手数料の一律定額化は好ましいことである。しかし前者については国家財政の未曾有の悪化の中で限られたパイをどれだけ法律扶助に配分すべきかが問題である。司法の諸問題は大切である。だが，同様にあるいは優先順位としてヨリ重要な問題は沢山あるはずである。わが身に引き付けていえば老人介護の問題などはその一例だろう。最高度の福祉国家とされるスウェーデンの法律扶助も，法律扶助の民営化路線すなわち権利保護保険を第一次的とする制度に移行している。その結果として様々な欠陥も生じているが，それを是正することは財政上なかなか難しいのが現状である[8]。

　後者すなわち提訴手数料に関する問題についても宇都宮氏の見解はいささか短絡的である。提訴手数料（印紙代）の累進的増加が提訴抑制の機能を果たしており，とくに明治以来政府によって濫訴抑止の意図で利用されてきたことは内外の研究者によって指摘されているところである。諸外国においては提訴手数料が定額で，しかもかなり低廉であることは氏のいわれるとおりである（例えばスウェーデンでは450クローナ，1クローナ15円と多めに換算しても6750円）。この制度の速やかな改革の実現が望まれるが，しかしその結果として，訴訟件数が弁護士人口の増加を吸収しうるほどに増加するかどうかは別論である。また，そのような訴訟件数の大々的増加が国家・社会および司法エネルギーの適正で効率的な利用のために当然に望ましいともいえないだろう。大切なの

は訴訟による紛争の適正，妥当，迅速かつ廉価な解決，そしてその現実的可能性を前提とした紛争の防止であって，訴訟件数の増加それ自体ではない。訴訟件数の多寡は一国の司法（訴訟）文化，紛争解決文化と関連する面があり，訴訟社会米国は巨大な例外とみるべきかも知れないのである[9]。

　また，裁判官の増員がある程度必要なことは否定できないけれど，これを過大視すべきではない。通常の民事紛争については裁判所を自主的紛争解決のフォーラムとして利用することで足り，必ずしも裁判官数の弁護士数と相関的な増加を必要とするわけではない。少なくとも量的にいえば，紛争解決の主役は弁護士であって裁判官ではないのである。わが国の裁判官数が比較法的にみてあまりにも寡少なことは事実である。しかし，さしあたっては裁判官の大幅な増員よりも弁護士のパートタイム裁判官や非法曹の専門家参審の活用で対処するほうが，裁判機能の充実強化および国家財政への負担軽減の見地からみてベターだと思う。

　このように考えると，弁護士の職域は訴訟一辺倒でなく，訴訟外の分野が極めて重要なのであって，また法化社会における弁護士需要はそこに存するといえよう。どうも宇都宮氏は裁判所依存の伝統的な訴訟観・弁護士像に囚われすぎているとしか思えない。

　なお，刑事司法について一言すれば，氏が評価する裁判員制度や起訴前の被疑者国選弁護制度が順調に機能するためには弁護士人口の増加が不可欠だろう。検察官の増員の問題について現在の私には的確な判断がしかねるけれど，かねて私は訟務検事や副検事の制度の廃止を提案している。この方向で検察官増員問題は解決すべきだ考える[10]。

5. 結びとして——究極的には何が問題なのか？

 すでにかなりの紙幅を費やしてしまい，本稿は宇都宮氏の論説よりも長大なものになるようで少々気がとがめるが（形式的武器対等という意味では，批判者も同じ程度の紙幅で書くべきだという見解もあろうから），私の能力不足でご寛恕を乞うしかない。それはそれとして，氏の論説を読めば読むほど私にはその内容が時代逆行の説と思えてくる。いったい氏は，司法修習生の給与制など現在の厳しい国家財政の中で市民の支持が得られると本気で信じているのだろうか[11]。

 法曹人口の拡大は日弁連が不承不承にせよ承知したうえで法科大学院制度の創設とワンセットで実施されたものである。それを既成の弁護士の権益が揺るがされることへの危機感から根本的に覆すような政策転換を日弁連が行うことが果たして許されてよいのかが問われるべきである。実は同様の問いは，司法試験制度や司法修習制度の運営当局である法務省や最高裁にも向けられるのであって[12]，司法審意見書が打ち出した法科大学院におけるプロセス重視の教育は今や司法試験の障壁によって崩壊の危機に瀕しつつあるようにみえる。法科大学院出の司法修習生の深刻な学力低下が指摘されているが，プロセス重視の教育効果はどのようにして測定されるのか。それはかなり長期のパースペクティブにおける彼らの実務家としての仕事ぶりを観察しなければ軽々に判定できないのではあるまいか[13]。もう少し法科大学院の学生と教員を信頼してよいのではないか。法科大学院教育の部外者とはいえ多少その実情を知る者として私はそう思う。

究極的な形で問題を提示すれば，司法審意見書において一発勝負の旧司法試験は否定されたのだから，その延長線上での最終的な法曹養成制度に対する基本的選択として，わが国の法的サービスの多くの分野が一発勝負の試験合格者や天下りの公務員 OB によって行われてよいのか，それとも精鋭の法的エリートとしては能力不足な者が含まれるにせよ，法科大学院出身者によって担われるべきかという二者択一の課題になる。富士の山頂はノッポビルよりも遥かに高いけれど山麓にはそれよりも低い部分が広がっている。司法・行政書士や税理士，社会保険労務士などの業務に特化した弁護士が出現することは差し支えないし，また望ましいことだという見方もできる。現在の準法曹と異なるのは，彼らは公権力に対抗する訴訟代理・刑事弁護の権限（実際にそれを使うかどうかは別として）というキバを有することである。そしてこれが法化社会にふさわしい法専門職の姿だろう。

　かつてわが国の弁護士界の先達が弁護士のモデルとして礼賛した英国の弁護士制度は近年激震に次ぐ激震ともいうべき変容を経験しつつある。英国では弁護士自治は終焉したとまでいわれる。このような変容の根底には国境を越えた弁護士制度の進化 (evolution) [14] を促す大きな潮流の存在が看取されるのであって，決して対岸の火事視すべきではない [15]。弁護士自治と弁護士法 72 条に安住してきたわが国の弁護士の世界も根本的な変革を迫られつつある。そしてこれは弁護士界だけの問題ではない。日本の司法文化そのものに大きな影響を与える問題であって，裁判所（官）や検察（官）が弁護士界特有の問題だと思っていたら間違いである。私は 10 年前に，「狼老年」と非難されるのを覚悟してこ

のことを指摘したつもりである[16]。今でも，いや今一層同じことを声を大にして叫びたい思いに駆られる。宇都宮氏の任期の2年間は，日本の司法にとって決して空費してはならぬ貴重な時間なのである。宇都宮氏の論説に基づく日弁連の政策が実効化されるならば，それはとりわけ新たな法曹養成制度の健全な成長・発展に対する強大な抑止的・萎縮的効果をもたらす。多くの有為な若者が法曹の道を志すことを断念し，ひいて少なからぬ数の法科大学院が壊滅して行くかも知れない。（法科大学院の現実が玉石混淆であることは否定できないにせよ，現在の司法試験の合格者数の多寡を基準として法科大学院の評価を短絡的に決することが妥当だとは思えない。）

　宇都宮氏は「私の日弁連会長としての使命は，市民，とりわけ社会的経済的弱者である市民のための司法をつくることにある。」という[17]。その言や良し。だが，そのためには弁護士の質・量両面における増強という改革が必要である。グローバル経済のもとでは諸外国の高水準の弁護士に匹敵しうる優秀な企業弁護士（およびその対抗勢力となる弁護士）の養成も喫緊の課題である。企業や市場の法的に健全な発展は，税収を増加させ，安定した雇用を創出・拡大し，ひいて市民の生活の幸福の増大のために不可欠だからである。つまり富士山型の弁護士制度が要求されるのである。「市民目線で第二次司法改革を」というもっともらしいスローガンが，安易な「既成の弁護士の目線で第二次司法改革を」を意味するものであってはならない。

　最後に附言する。私は随分宇都宮氏に厳しい批判的言辞を弄したようにみえるかも知れないが，その動機は冒頭に記したとおりであって全く他意はない。日弁連・弁護士界が多くの優れた人材

を擁することを私は知っている。日弁連会長としての氏はこれらの人材を活用し，弁護士の既得権益＝市民の利益と錯覚することなく司法制度改革の基本路線を真の市民の目線で実現していただきたい。人一倍優れた貴重な「虫の目」とそれに基づく実行力を備える氏が，それを大切にしながらヨリ広くヨリ長期的な「鳥の目」をもって日弁連会長の重責を全うしてくださることを祈るような気持で願いつつ擱筆する[18]。

補 記　その1

脱稿後に，東京新聞2010年4月23日（金）夕刊4面で「あの人に迫る　宇都宮健児弁護士」という記事に接した（白井康彦執筆）。ここでも本論考と同様の主張が繰り返されており，「日弁連会長も今までの活動の延長線上にあります。」と明言していることが注目される。また，日弁連会長選への立候補要請と並んで，日弁連の消費者行政関係のメンバーからは消費者庁長官就任への打診があったら受けて欲しい旨要請され，宇都宮氏もその件は受けざるを得ないと覚悟していたこと（結果的にその声はかからなかった）が語られている。

補 記　その2

校正終了後に遅ればせながら注1の記述は正しくないことを知った。昨日（2010年9月22日），久しぶりに所属事務所に行き，山のような郵便物などを整理しているうち（緊急を要する文書は事務局から自宅に送られてくるが，それ以外は自分で整理することにしている），同年1月初めに「市民のための司法と日弁連をつくる会」（代表世話人　宇都宮健児）から送られてきた「市民のための司法と日弁連をつくる会　政策要綱　日弁連に新しい風を」という文書が届いているのを見落としていたことに気付いたのである。お詫びしてこの注記を削除する。

第 4　日弁連・弁護士界と法科大学院・法曹養成制度　115

2010 年 9 月 23 日

(神奈川ロージャーナル 4 号 (2012 年) 61 頁掲載)

注
1) 従前は選挙戦の過程で各候補者から会員―投票権者宛てに立候補の趣旨・会長としての政策方針などを詳細に説明した文書が送付されてきた。ところが今回の選挙では奇妙なことに宇都宮氏，対立候補者いずれの側からもそのような文書は全く来なかった。あるいはこれは私が弁護士としては引退者に等しい末端の一会員ゆえの例外的現象だったのかも知れないが。ちなみに，老来視力の弱った私はブログなどほとんど閲覧しない。
2) 氏は「これまでの私の仕事を一言で言えば，消費者そして社会的弱者の権利擁護であろうかと思う。」という。この引用文を含めて，以下，「　」で引用する文章はとくに断らない限り上記論説からのものである。
3) 私の司法制度改革に関する主要な論稿は，司法制度改革審議会 (司法審) 意見書の公表前のものは『続・裁判法の考え方――司法改革を考える――』(判例タイムズ社，2000 年)，公表後のものは『法の支配と司法制度改革』(商事法務，2002 年) に収録されている。
4) もっとも，私は歴代の日弁連会長選挙の立候補者がどれほど日弁連会長の職責を的確に把握したうえで会長選に名乗りを上げたのか知らない。中にはかなりイージーな動機で立候補した人もいる可能性がある。
5) 以下の記述については，とくに拙稿「法の担い手の特殊日本的存在形態――"擬似的法の支配"の担い手としての準法曹」佐々木有司編『法の担い手たち』法文化 (歴史・比較・情報) 叢書⑦ (国際書院，2009 年) 221 頁以下参照。準法曹の範囲や数値についてもこの拙稿による。

　なお，小林正啓『こんな日弁連に誰がした？』(平凡社新書，2010

年）は，司法審において元日弁連会長の中坊公平委員は，準法曹問題に議論を拡大しようとしたが，座長に牽制されたことを伝える（202頁）。正鵠を得た見解なのだが，従来の日弁連の硬直的な法曹人口増加反対論のゆえに座長その他の委員の共感が得られなかったのだろう。ちなみに，同書は弁護士大増員や司法制度改革に対する明確な是非の言明を避けているが（12頁），平明にしてクールな論述で日弁連の問題点を解明した好著である。著者は大阪の中堅弁護士。（同書に対しては弁護士の読者の間に様々な反応があると聞く。私自身も著者の所論に全面的に賛同するわけではない。しかし，一読に値する出色の書であることは否定できまい。）

6) 拙著『裁判法の考え方』（信山社，1994年）92頁以下。引用部分は同書97頁。

7) 本稿執筆中に自由と正義61巻4号（2010年）および日弁連新聞435号（2010年4月1日）が送付されてきたが，前者の「会長就任にあたって」，後者の「就任のご挨拶」においても宇都宮氏は本論考と同様の言説とくに修習資金の給費制維持＝貸与制阻止を主張している。なお，給与制に対しては弁護士界の内部からも疑問が提起されている。小林・前掲書123-124頁参照。

8) 拙訳「スウェーデンの法律扶助関係諸法」判例タイムズ1316号（2010年）73頁以下，「スウェーデンの行政訴訟・行政手続関係諸法」神奈川法学42巻2号（2010年）79頁以下参照。なお，氏は生活保護申請などについても諸外国では法律扶助の対象になっているとするが，果たしてそうだろうか。管見の限りスウェーデンの法律扶助関係法令にはそのような規定は存しない。

9) スウェーデンのある訴訟法学者は，訴訟文化ないし民事訴訟件数についてスウェーデンは日本と米国の中間にあると述べている。また，国境を接する国であるのに，オランダではドイツに比べて民事訴訟件数が非常に少ないという。後者の点については谷口安平「和解・国際商事仲裁におけるディレンマ」早川吉尚・山田文・濱野亮編著

『ADR の基本的視座』(不磨書房, 2004 年) 204 頁参照。
10) 拙著・前掲『法の支配と司法制度改革』50 頁以下参照。なお, 同書では裁判員制度と刑事裁判官の増員の問題について一応の私見を述べているが (43 頁), この点は裁判員制度の運営の実態をしばらく観察したうえで改めて私見の当否を再検討させていただくことにしたい。
11) 小林・前掲書は 1998 年の衆議院法務委員会における若林誠一 NHK 解説委員の大要次のような発言を引用している (108-109 頁)。日弁連の臨時総会で法曹人口を増やすと弁護士が金儲けに走って人権が守れないという議論を聞いて驚いた, そんな人権だったら守って欲しくないというのが私を含む新聞社の論説委員などの口を揃えた意見だった。この引用からも給費制に対するマスコミないしその代弁する市民の反情が推知されよう。
12) その理由については, 小林・前掲書 225-227 頁参照。
13) 私はかつて, 占領下の沖縄における大量の法学部卒業者に対する弁護士資格の付与が司法運営, 法的サービスの提供に与えた影響の実証的研究が有益であることを指摘した (拙著・前掲『続・裁判法の考え方』60 頁)。この点が日弁連などでとくに問題視されていないのは著しい負の影響はなかったからではないのか。一発勝負的な試験の厳格化だけで人材の良否が判定できるという幻想を固執すべきではあるまい (ある程度まではそれを必要悪として認めざるを得ないにしても)。
14) 桜井邦朋博士 (神奈川大学名誉教授・元学長) は「ダーウィンの思想を援用するならば, 進化 (evolution) には合目的性があるわけではなく, よい方向にも, 悪い方向にも同じように, この進化の過程はすすむ。」と述べている (同『日本語は本当に「非論理的」か―物理学者による日本語論』(祥伝社新書, 2009 年) 201 頁)。私もほぼ同様の意味で進化という言葉を用いているのであって, 必ずしもそれがあるべき正しい方向だとまで主張するわけではない。
15) 吉川精一「1980 年代以降における英国弁護士制度の急激な変容と

その背景」法の支配156号（2010年）5頁以下。もっとも，読者への衝撃も意識してか英国の改革の他国に対する波及の有無などについて吉川氏の筆致は抑制的である。（なお，英国における弁護士二元制および弁護士以外の法律サービス提供者（5頁）は，前述した弁護士制度の富士山型，八ヶ岳型の議論には影響しないと考える。念のため。）★　吉川弁護士はその後同論文等を含む英国弁護士制度の研究を集大成した『英国弁護士制度の研究』（2011, 日本評論社）を発表された。氏は名実ともに我が国におけるこの分野の研究の第一人者である。

16)　拙稿「司法改革と弁護士法72条についてなど」拙著・前掲『続・裁判法の考え方』とくに127-128, 136頁参照。

17)　氏は弁護士の道を選んだ自己の背景として，愛媛県の漁村に生まれ，そこで農業と漁業を営む家，後に大分の開墾農家で育ったこと，今の時代に生まれていれば弁護士にはなれなかったことを記している。それで私自身のことも書かせてもらうと，群馬県の農家に生まれ，農業学校（現在の高校）を卒業し，ほとんど大学進学の受験勉強をする時間的余裕を与えられないまま中央大学専門部（旧制）になんとか入学し，半ば僥倖もあって早々と司法試験に合格できたという経歴である。今ならば法曹になるのを断念したかも知れない。しかし私は，司法試験合格当時の自分が単なる法律バカであった事実などにかんがみ，受験科目の法律の勉強一辺倒で合格でき，かつ幾多の万年受験生の悲劇を生んだ旧制度の司法試験よりも現在の法科大学院制度のほうが遥かに優れていると考える。詳しくは拙著・前掲『続・裁判法の考え方』の参照を望みたい。（★　深代惇郎『深代惇郎の「天声人語」』（1976, 朝日新聞社）に次のような記述を見出した。「世間は学校のランクづけに熱中し，普通高校，職業高校，定時制高校の順で階級があると思い込む。『普工商農』といって，職業高校を工業，商業，農業の順に細分し，細かい序列」をつける（135頁）。そんなことは全く知らず自分が農業学校（高校）出であるのを恥じ

たことなど一度もない。もっとも，こういう差別化は私の卒業後に次第に形成されたのかも知れない。）
18) 本稿は宇都宮氏の論説を読了した後ほとんど一気呵成に書き上げたものだが，これを発表すべきかどうかについては少々迷った。というのは，わけても私の畏敬する旧友が宇都宮氏の熱烈なファンで今回の選挙でも氏に1票を投じたと聞いており，この友との長年の友情に亀裂が生ずることなどを危惧したからである。そんな折，たまたま地域の図書館から借覧した江川紹子『勇気ってなんだろう』（岩波ジュニア新書，2009年）を読んで，公表することを決心した。私自身かねて法曹の基本的資質の一つとして勇気の必要性を強調してきたのだが（拙著・前掲『裁判法の考え方』200-201頁），所詮書斎人の口頭禅だったかと反省する。江川氏の著書の描く私よりも遥かに若い方々の勇気に深い感銘を受けた。弁護士の在り方との関連でいえば，パレスチナ人の人権擁護に献身する，テルアビブで法律事務所を開くユダヤ人若手弁護士の姿はまさに感動的である。また，同書では警察の裏金作り問題を摘発する民間オンブズマンとしての弁護士の活動の一端も紹介されており，弁護士の公共性を考えるうえで示唆に富む。記して著者と同書に登場する勇気ある方々に敬意と謝意を表する次第である。

第5

ADR 教育と法科大学院

1. はじめに——なぜ，そして何を論ずるのか？

　与えられた課題における 2010 年という限定はある程度のふくらみをもったもの，いわば直近の未来を象徴的に表現したものと理解してよいのであろう。私は現在轟音を立てて進行しつつある司法制度改革のおおよその帰趨はおそらく今後 10 年内に決するのではないかと臆測している（2009 年から発足予定の裁判員制度を含めて）。そこで，調停ないしそれを含む ADR 一般[1]についてもこのような立場から検討することになる。実は 2004 年 3 月法学教育の現場から引退した時点で，司法制度改革に関連する問題については発言を禁欲することに決めた[2]。改革のために現場で必死に戦っている人たちに無責任な傍観者的批判を行うことは非礼であるし，意識的・無意識的な悲観的予測によって「予言の自己実現」に寄与するような愚は慎むべきだと考えたからである[3]。しかるに，君子でもないのに豹変して今本稿を書こうとする理由は二つある。一つは編者小島武司教授の慫慂というよりも「おだて」で

あり，おだてに乗りやすい著者はついその気にさせられてしまったのである。もう一つは，これもおだてに乗せられた結果であるが，2006年度の日本法哲学会の「法哲学と法学教育—ロースクール時代の中で—」という司法制度改革を取り扱うシンポジウムにおける報告者の一人の役割を引き受けてしまったことである。司法制度改革の問題を調停ないしADRという視座から改めて考えてみることは，この報告の準備作業的意味でも自分自身にとってすこぶる有益だと思うのである[4),5)]。

ところで，執筆中に図らずもウプサラ大学のリンドブローム（P. H. Lindblom）教授からADRに関する極めてチャレンジングな論文の恵贈を受けた[6)]。これは私見によればADRをめぐる学問的論議に決定的な影響を与えることになるであろう重要な論考である。（2005年12月24日に届いた。現在の私にとって天佑ともいうべき最上のクリスマス・プレゼントになった。）本稿ではこの論文の内容の紹介とこれに触発された私見の展開も若干試みることにしたい。与えられた課題との関係では，2. が総論，3. が各論という位置付けになろうか[7)]。

2. ADRと法の支配との矛盾・相剋

1) 司法制度改革審議会意見書とADR

司法制度改革のグランド・デザインを描いた『司法制度改革審議会意見書』は，「司法制度改革の根本的課題を，『法の精神，法の支配がこの国の血肉と化し，『この国のかたち』となるために，いったい何をなさなければならないのか』……を明らかにすることにあると設定した。」と宣言している（3頁）。つまり法の支配

の確立・強化が意見書の根本的課題ということである。「裁判外の紛争解決手段（ADR）の拡充・活性化」（35 頁以下）はこのこととどのような関係にあるのか。また，意見書の核の一つである法曹養成制度の改革＝法科大学院制度の創設すなわち法曹人口の飛躍的増大と果たして矛盾しないのか（奇妙なことに，訴訟機能の強化は叫ばれても裁判官の大幅増員は問題とされることなく，他方 ADR の人材の養成は力説強調されている。）。意見書を読んだ限りでは不敏な私にはどうもよく理解できない。納得のゆく説明を与える論者も知らない[8]。ADR は紛争解決手段としての有用性は別として，必ずしも法の支配の確立・強化と密接に関連するわけではない[9]。それどころか，訴訟機能の強化を伴わない ADR は法の支配の確立・強化にとって負の要因となる危険があることはかねて私が指摘してきたところである[10]。

　ADR は今や各国（EU なども含む）の法政策としても学界の潮流としても世界の流行現象になっている。だが，それぞれの国の特有の司法文化ないし紛争処理文化，司法事情を無視して流行に飛びつくのは極めて危険であり，法の支配の空洞化ないし破壊につながりかねない[11]。私はもとより ADR の反対論者ではない。研究者としての私にとって当初の主要な研究課題の一つは調停すなわち ADR であった。訴訟と ADR とは車の両輪であり，前者を無視，軽視したまま後者を過度に強調するのはおかしい，という常識的バランス論を主張しているだけである。訴訟の実像と ADR の理想像（それは一種の虚像である）との是非・優劣を比較するのは比較の方法が間違っているか，作為的である。

2) 法曹人口の増加と職域の拡大

新たな法曹養成制度＝法科大学院制度の創設は飛躍的に増加した法曹人口とくに弁護士人口を生み出す。だが，その職域の拡大に関する現実的な議論はみられない[12]。裁判官および検察官の定員は限られているのみならず，法曹資格を要しない簡裁判事，副検事の制度は依然として存在し続ける（有能な一般職員の士気を鼓舞する人事政策の見地からも廃止は至難だろう）。中央省庁，地方自治体や企業における法曹の大規模な雇用の方策など寡聞にして知らない。そうなると，新たな法曹の大部分は開業弁護士（その事務所で雇用される者を含む）にならざるを得なくなる。だが，弁護士の専売特許といえる訴訟事件数の増大はどの程度まで生じうるのか。この国の紛争処理文化[13]にかんがみると，あまり楽観的予測はできまい。一方で準法曹（意見書の表現では「隣接法律専門職種」）に対する訴訟代理資格の付与[14]，他方でADRの盛行というダブル・パンチの中で，果たして激増する弁護士のための法的需要は存在しうるのか。

米国のみならずドイツでも若い弁護士の中には法律業務だけでは生活できず，内職にタクシー運転手をしている者も存在するといわれる（もちろんタクシー運転手も立派な職業であるが）。そうなっては困るという一部の弁護士層の本音の危惧に対して，二，三のオピニオン・リーダー的立場にあるジャーナリストは私との雑談中でそうなっても一向に構わない，弁護士数の増大がもたらす自由競争により市民に対する法的サービスは向上するはずだ，と語っている。実はこういう意見は法学者や一般市民の中にも根強い。たしかに司法試験に合格しただけで一生生活の安泰が保障さ

れるようなこれまでの制度に問題があることは否定できない。そもそもことは市民に対する法的サービスの見地から考えるべきで，弁護士の既得権益の擁護を主張するのは逆立ちした発想だと批判されよう。全くの正論であるが，正論だけにいささか現実から遊離している面がある（潜在する法的需要の掘起しをいう法社会学者などの言説も同様である）。競争原理は基本的に正しいにせよ，悪貨が良貨を駆逐するというグレシャムの法則が厳然と作用することも事実なのである。弁護士業務は単なるサービス業務にとどまらず一国の法の支配，法文化と密接不可分のものであるから能天気な予定調和的自由競争論に安住していることは許されない[15]。領域は異なるが，われわれはこのことを気付かせる恐るべき実例として建築士による設計書偽装問題（偽装というのも変なマスコミの造語だと思うが）を現に見ているのである[16]。弁護士業務の経済的側面は，実に一国の法の支配を揺るがしかねない影響を有する問題であることを銘記すべきである[17]。

3) 法科大学院卒業生数と司法試験合格者数

司法試験合格者数に関する一般的予想によれば，法科大学院卒業生には大量の不合格者が発生するはずである（初回は約半数が合格できるけれど，その後は2-3割程度といわれる）。彼らは多大の時間と費用を投じた後に，準法曹の道を選ぶか，あるいは法学部卒業生と同様の職域を探さなければなるまい。この冷厳な事実は法科大学院の魅力を著しく減少させ，有為の人材を法曹界に誘引するのが困難になる——とくに法学部が依然として存在し続ける限りは。法科大学院関係者によればその兆候はすでに現れているとい

う。制度の可否は結局その担い手で決するから,このことは訴訟・司法の質的低下という憂慮すべき結果をもたらすことになろう。これはいうまでもなく法の支配に対する重大な脅威である。(自棄的になった落伍者の一部が法科大学院で学んだ法知識・技術を悪用する危険の存在も否定し切れない。このことは全く意識されていないようであるが,先進諸国中この国において法の悪用がとくに顕著な現象であることは経験上明らかな事実であるから,看過し得ない問題だというべきである。)

4) ADR の担い手としての準法曹

意見書は ADR の担い手としてとりわけ準法曹の活用をいう。準法曹の職業集団も職域の拡大,職業的地位の向上などの理由から ADR に強烈な関心を寄せている[18]。だが,果たして法曹や準法曹 (以下,便宜「法律家」と総称することがある) は ADR の担い手として当然にふさわしいのかという基本的問題についてすこぶる無反省である。工学者で作家の森博嗣氏は「人間に求められる能力は,きちんと気配りができる,次にどんなトラブルが起こるか予想できる,というような」能力ではないかという[19]。ところが,法律家の中にもそういう能力が欠如している人物は少なくない (そもそもそんなことの試験はできない)[20]。こういう能力は ADR の担い手ないし調停者のスキル以前の問題である。ちなみに,調停は両当事者に対する双方向カウンセリングともいわれるが,畏友波多野二三彦弁護士によればカウンセラーの適格者としての「資質をそなえた人は,……恐らくは,人口百人に一人か二人位の比率しか占めていないと思われる。」とのことである[21]。われわれ

は安易に ADR の担い手としての適格を有すると即断，自負すべきではあるまい（これは自戒の言葉でもある）。実は法律家が ADR の担い手として当然視されるところに「日本型紛争管理システム」としての ADR の特徴，特異性がはしなくも露呈しているといえよう[22]。

5) 法科大学院と ADR 教育

ADR の担い手としての法律家の適格性が自明でないことはすでに述べた。しかるに，教育期間が法学の既習者は2年，未習者は3年と極めて制約されている法科大学院において（しかもそこでは米国のロースクールなどとは異なり，厳しい選抜試験である司法試験に対する合格対策も要求される）ADR 教育に力を入れる理由は何か。またそれは，高額の授業料を支払う利用者である学生の切実なニーズに十分に応えるものなのか。私はかねてこのような疑問を抱いていたので，2005年10月29日に行われた日弁連主催の「法科大学院における ADR 教育」と題するシンポジウムに参加してみたが，残念ながら満足すべき答えを得ることはできなかった[23]。

紛争解決手段として ADR が重要なことは自明であり，そして法曹の主要な職務は紛争の法的解決（ないしは法的紛争の解決）にあるから，ADR について一応の知識を与えること，さらにはその技法のトレーニングを行うことは法律家およびその志望者にとってたしかに必要，有益である。しかしそれは法学部やその他の教育・訓練の場でもできるはずである。法科大学院における ADR 教育の重視は，法の支配と ADR との（少なくとも表見的）矛

盾・相剋にかんがみ，法の支配の担い手という法曹の基本的職務に疑問を抱かせるおそれがあり，ひいて法科大学院教育の意義を減殺してしまうかも知れない（訴訟よりもADRが重要で，そのADRの担い手として法律家が必ずしも適格者とは限らないということであれば，膨大な時間と多額の出費の犠牲を払って法曹になろうとする意欲は大きく減退してしまうのが当然ではあるまいか）。

また，ADRにおける紛争の事実関係の把握は法律家の要件事実的思考とは基本的に異なるから，学生が要件事実的思考に習熟するためにADR教育が負の影響を与えたり，少なくとも学生の頭脳に無用の混乱を与えたりするような危険性はないのであろうか。要件事実教育が法科大学院教育における最重要の課題の一つとされているだけに深く憂慮せざるを得ないのである[24]。

もっとも，日本型紛争管理システムによるAD，例えば「垂直的説得」型調停[25]を前提とするならば，ADRとくに裁判所調停などは訴訟との連続線上にあり（「調停に代わる決定・審判」はその典型である），要件事実的思考はかなりの程度までADRにおいて有効なはずである[26]。法科大学院におけるADR教育は無意識的に日本型紛争管理システムによるADRを前提として考えているのかも知れない（私の知る限り，法科大学院においてADR教育を担当している教員はこのようなADRにむしろ反情を抱いているように見受けられるのだが）[27]。

念のために附言する。私は法科大学院におけるADR教育に反対しているわけではない。法科大学院教育全体の中におけるその価値と位置付けについて，利用者である学生の立場から納得できるような答えが欲しいだけである。（著者は法科大学院教育に全く関

与していない。しかし多大の犠牲を払って現に法科大学院で学んでいる，そしてこれから学ぼうとする人々（その中には定年後の人生を賭けている人もいる）のために，あえてこの質問を提起する次第である。）

　以上，ADR がとりわけ特殊日本的状況のもとでは法の支配にとって直接・間接に負の影響をもたらす，すなわち ADR と法の支配との間には矛盾・相剋が存在する，と私が考えるところをやや雑然と書き連ねた[28]。最近，次のような文章を読んだ。「理想を掲げるのは容易い。……しかし真に現実に屈服せず，空想を弄せずに，より良き社会を実現しようというのなら，そこには『冷たい計算』と『狡いほどの賢明さ』が不可欠である。」[29] わが国の ADR 論（者）の実に多くがあまりにもナィーヴなように見える。あるいはそう装っているのかも知れない。ADR 促進法に対する各方面からの対応などを見ながら，わが国の現在の活発な ADR 論議に対して上記の引用文と同様の感想を禁じえないというのが私の率直な心情である[30]。（逆に，私見に対しても同様の批判的感想が向けられるのかも知れないが。）

3．調停の今日的問題点

　実定法制度ないし公式法機構としての調停はわが国の ADR において量的にも質的にも最重要部を占めており，それはほぼ裁判所の民事・家事調停と同意語である。また，弁護士会の「ADR（裁判外紛争処理機関）センター」（これは日弁連の命名であり，各地の弁護士会における名称は「仲裁センター」その他多様である）の行う「和解あっせん」などもその実質は一種の調停である。そこで，本稿

ではこれを「弁護士会調停」とよぶことにする。**3.** では裁判所調停と弁護士会調停に焦点をあてて論ずることにしたい。私は，各種の行政調停の盛行は日本型紛争管理システムを象徴する現象であり，弁護士会調停または市民型調停のいずれかに近づけて考えるべきだという立場なので（後述参照），行政調停自体に関する言及は割愛する。

1) 裁判所調停について

(1) 裁判所調停の在り方は家事調停と民事調停とでかなり違うところがある。ADR論者は家事調停を視野に入れて議論することをあまりしないようである[31]。両者の関係はおそらく二つの焦点を持った楕円とみる高野耕一氏の見解が正当だと思われる[32]。家事調停ではしばしば当事者間の対立が民事よりも先鋭な形で現れ，調停者のスキルが格段に要求される面がある。したがって，この面で民事調停が家事調停から学ぶべきものも多いであろう。家事調停における同席方式と個別（面接・聴取）方式の使い方についても民事とは異なった配慮が必要といわれている[33]。以下では，便宜上両者を一括して論ずるが，両者の差異を否定するわけではない。いずれにせよ，民事・家事に共通して頑強な個別方式の慣行の存在，その原因を成す「調停は調停委員が解決するものだ」というパターナリズムが指摘されていることに留意する必要がある[34]。

(2) 最近における調停制度の最大の改革は「民事調停官」・「家事調停官」制度の導入である[35]。民事調停官・家事調停官は「非常勤裁判官」ともよばれる。これは法律上の名称ではないが，最

第 5　ADR 教育と法科大学院　131

高裁と日弁連との合意文書（平成 14 年 8 月 23 日付け）によって認められている。平成 16 年 1 月 1 日付けで第 1 期の調停官合計 30 名が任命された[36]。

　非常勤裁判官を調停官の別称として用いることに最高裁も日弁連もなんら躊躇を感じていないことが，裁判所調停が日本的紛争管理システムとしての ADR の典型であることを象徴している。つまり最高裁も日弁連も無意識的に調停を ADR よりも訴訟に引き寄せて考えているから，こういう別称への発想が抵抗なく出てくるのである（「調停主任」という立派な実定法上の名称があるにもかかわらず）。調停官は「調停に代わる決定・審判」という裁判的権限を有する点に着目すれば一種の裁判官という見方もできようが，調停に代わる決定・審判は合意を本質とする調停の在り方からすればまさに例外中の例外であるべきものである（「特定調停」はやや別論として）[37]。調停合意の相当性の審査についても当事者の合意がその基礎にあるわけだから，調停官の最大の職務は調停委員とともに（適正妥当な）合意の成立に努めることだというべきではないのか。それなのに，なぜ「裁判官」という権威的名称に愛着を感ずるのだろうか（このことは裁判官が誇りある地位であることとは別問題である）[38]。

　(3)　実は不敏にして最近知ったのであるが，調停委員（会）が調停の取下げを強引に勧めることが珍しくないという[39]。これは調停委員個人としてはもちろん調停委員会としても越権行為である。法的に調停に親しまないと判断したのかも知れないが，ここに訴訟と連続的な日本的調停の特色が顕著に現れている。訴訟の場合に比べれば低額とはいえ調停申立ての手数料を徴しているの

だから一種の怠業行為でもある。

調停委員についてみると,一部の者にとどまるにせよ,あまりにも言語道断の言動が多いようである[40]。裁判所の調停委員になったことで一種の小さな権力者意識を増長させてしまっているのだろう。これは調停者のスキルの訓練以前の問題である[41]。例えば,調停は調停委員だけで行うものと確信しており,家事調停官の立会いを嫌う調停委員が存在することが報じられている(全国の家裁のモデルともいうべき東京家裁での話である)[42]。

(4) このような憂うべき裁判所調停の現状が調停官制度の導入によって大きく変貌してゆくことが強く期待される[43]。しかし,そのためにもあまり非常勤裁判官という面にこだわるべきではない。「2010年の調停」という見地からは,調停官制度の導入がどれだけ裁判所調停を真に市民のための調停に変貌させられるかに大きな期待が寄せられるといえよう。

裁判所調停は判決に類する強大な法的効力を有する。それゆえに一方において本来のADRとしての性格,魅力に欠ける点があるが,他方この法的効力が強味でもある。つまり裁判所調停は「両刃の剣」なのである。どちらの側の切れ味を選好するかは,市民の意識・志向が決する。それは常に変化しつつあるものであるが,近年人々の間に公権力機関に対する受動的な受益者的姿勢が強くなってきているように思われるという重要な指摘もある[44]。そうだとすれば,伝統的な裁判所調停は近未来においても隆盛を続けるのかも知れない。そのような基本的潮流の中で,いかに適切に市民,利用者のニーズに応えてゆくか,その鍵を握っているのはおそらく弁護士「調停官」であろうかと思う[45]。

2) 弁護士会調停について

(1) 弁護士会調停の事件数は伸び悩んでいる[46]。そのこともあってか弁護士会調停には二つの路線の対立がみられるようである。すなわち，その制度設計を裁判所調停に引き寄せて考える路線と，NPO，NGO などの「市民型調停」（米国の mediation に類する民間レベルの調停の意味で用いる）に近づけて構想する路線との対立である。それは ADR 促進法制定過程における意見の相違，その制定・施行後における認証を受けることの是非の態度決定に反映している。いずれにせよ，その背後には ADR に関する基本的理念の相違があると認められる。今ここでこの問題に深入りするつもりはない。すこぶるイージー・ゴーイングな立場のようだが，どちらも正当性を有するのではないかと思うからである。

(2) 弁護士は法律家として裁判官と基本的に同質の思考をすることは事理の当然だろうから，弁護士会調停が意識的には裁判所調停に対するアンチテーゼを志向しながらも無意識的にこれに類似する運用に傾くのは容易に理解できるところである。このことは一方において弁護士会調停に対する利用者の表見的信頼度を高めるとともに，他方においてその利用を敬遠させるという逆説的効果を伴うであろう。言い換えれば二流の裁判所調停という評価である。認証は基本的にはこの傾向を助長するだけであろう。したがって，市民型調停路線は弁護士会調停が裁判所調停とは別個独立のものとして成長してゆくために必然的な選択と評すべきかも知れない。（念のために断っておくが，上記の「二流の裁判所調停」というのは，今なお根強い官尊民卑意識に基づく表見的評価であって，弁護士会調停の普及につれて変わってゆくことが予想される。）

(3) しかし，弁護士会調停は弁護士が担い手であるところに一般の市民型調停とは異なる利用者にとってのメリットがある（少なくとも利用者はそう思うだろう）のであって，それを無理に否定，抹殺してしまう必要はあるまい。むしろ弁護士会調停の中にこの二つの路線を共存させ，利用者のニーズや紛争類型に応じて二つの調停を使い分けてゆくべきではないかと考える。前述した受動的な受益者層化した利用者の存在を考慮するならば，こういう方策のほうが現実的対応であろう。

事件数の増加についていえば，最大の問題は弁護士自身の意識変革にあるのではないか。かりに全国の弁護士が自分の受任事件のうち年間10件以上を弁護士会調停に持ち込めば，弁護士会調停の事件数は直ちに裁判所調停の事件数に匹敵いやこれを凌駕するするものになるはずである（もっとも，弁護士会調停を運営する弁護士会のADRセンターはまだ合計19にとどまる）。弁護士会調停の最大最強の敵は実は弁護士だともいえるのである。

(4) 弁護士会調停を運営する弁護士会のADRセンターは，市民型調停を運営するNPO，NGOなどのサポート機関としても機能すべきであろう[47]。このことによって弁護士会調停は裁判所調停に近い面を有しながら市民からの親近感を保持することができよう。つまり，わが国の調停は裁判所調停，弁護士会調停および市民型調停の三層構造から成り，弁護士会調停は他の二つの間に介在し，両者のリエゾン的機能を果たすわけである（行政調停の在りようは多様であり，弁護士会調停か市民型調停の周辺に位置付けられよう）。その結果として，上述した裁判所調停におけるパターナリスティックな要素なども次第に除去され，それぞれの調停が利

用者のニーズに最適のものとして機能してゆくようになるであろう。これこそ2010年の調停に対する私の期待と願望である。

4. ADR・調停の行方——結びに代えて

最近，小島教授が「ADRの現状は裁判所調停を含めて惨憺たるものである」という激語を発するのを聞いた。ADR促進法が制定されてもADRの件数が一向に伸びそうになく，裁判所の民事調停も微増を示しているものの，その内実は特定調停の増加に過ぎないことがその理由のようである[48]。だが，惨憺たる状況はある意味では歓迎すべきことなのではあるまいか。それは日本型紛争管理システム[49]の限界の表現いや終焉の前兆かも知れない。日本型紛争管理システムが破綻すれば「小さな司法」は「大きな司法」に脱皮することを強いられよう。訴訟が紛争解決の主役にならざるを得まい。新しい法曹養成制度＝法科大学院制度のもとで激増した法曹とくに弁護士がその担い手になる。訴訟爆発現象が生じよう。そのとき改めて，裁判所の破産を防ぐためにも，訴訟機能のみでは賄えない市民の紛争解決のニーズに応えるためにも，ADRの必要性・有用性が再認識されよう[50]。すなわち，国・社会の側からも市民サイドからも真のADRが切実に求められることになる。この場合のADRは現在のそれとは同名異物（？）になるはずである[51]。春の訪れに先行して厳しい冬がある。それが自然の運行だ。日本のADRが真のADRの春を迎えるために今，冬の季節にあるのだとすれば，それを悲観する必要はないのではないか。夢想かも知れぬが著者はそう思うのである[52]。

最後に，法の支配とADRとの関係について再言して稿を終わ

りたい。

　法の支配の意義は必ずしも一義的ではないが[53]それは「法による自由」と「法からの自由」[54]の微妙なバランスの上に成り立つ面があることに注目すべきである。本稿の主題に即していえば，前者は訴訟，後者は ADR によって保障されるといえよう。

　ノルウェーの平和学者ヨハン・ガルトゥング (Johan Galtung) は「間接的・構造的暴力」という画期的概念を提唱した。この概念の外延は実に広範である[55]。その中には形式的合法性の衣装をまとった暴力も含まれる。独裁国家における刑事裁判はその典型例であるが，先進諸国においても実体法・訴訟法が硬直化して，市民の権利保護に十全の機能を発揮しえない場合には民事訴訟（行政訴訟を含む）もその範疇に属することになろう[56]。このような場合には ADR による「法からの自由」の役割が大きく期待される。

　この意味では ADR は決して法の支配と対立し，それを空洞化するものではない。いや，むしろ法の支配を別の面から補強するのである。ADR 推進論者は無意識的にせよ，このような ADR の役割＝「法からの自由」が「間接的・構造的暴力」からの自由であることに想到しているのかも知れない。この国の近未来の ADR・調停が法の支配の補強のために発展してくれることを私は心から念願する次第である。

第 5　ADR 教育と法科大学院

補論・その 1　　法科大学院における ADR 教育の独自性に関する一試論——「紛争抑止力としての訴訟」仮説に基づく要件事実教育と ADR 教育との統合の提唱

　上述したように，私には法科大学院における現在の ADR 教育の独自性がよく理解できない。しかし自分なりに思案の挙句，現在のところ以下のように考えている。

　まず，法科大学院における ADR 教育は常に要件事実教育を意識して行われるべきである。その意味で，法学部等における ADR 教育とは基本的に異なる面があり，その応用編ともいうべきものである。ADR 教育においては要件事実の基本的認識を前提として要件事実の解体・変容，それへの附加等が要件事実の再認識を兼ねて行われる。つまり要件事実といわゆる「生の事実」（必ずしもそれに尽きるわけではない）との間の絶えざるフィードバックが必要になる。こうすることによって，ADR 教育が要件事実教育の阻害要因として働かず，むしろそれを補強する効果を生むことができる。その具体的事例の説明までは十分に考えていないが，これは法科大学院の ADR 教育の現場におられる諸氏にお願いしたいところである。（誤解のないよう断っておくが，私は「垂直的説得」型調停—前掲注 25) およびその本文参照）に賛成するものではなく，当事者主導の調停・ADR を中心にして要件事実教育との関連を考えているのである。もっとも，垂直的説得型調停が要件事実的思考と直接的親和性を有することは否定しがたいといえよう。前掲注 26) 参照。）

　次に，ADR 教育は訴訟との利害得失を個別具体的な紛争事案に関連して考量させることによって，訴訟機能の重要性の再認識

に役立つべきである。

　法学部等における ADR 教育は意識的・無意識的に訴訟に対する否定的立場を前提として行われている。しかし断言するが，充実した訴訟機能を欠いた ADR は片肺飛行のようなもので，健全な紛争解決制度として機能することは絶対にできない。法科大学院における ADR 教育はそうであってはならない。ある紛争事案において訴訟と ADR の一般的ないし段階的利害得失を精細・的確に考量することを教えるべきである。

　このように考えると，法科大学院における ADR 教育は独自の意義を有しうるといえよう。しかし管見の限りでは，法科大学院における ADR 教育と法学部等とくに法学部における ADR 教育との差異について意識的に区別した取扱いはなされていないようである。また，立法者を含めて ADR 論者のほとんど全てがこのような問題意識を持っていないと見受けられる。例えばいわゆる ADR 促進法や準法曹団体による ADR への参加の動きをみればこのことは瞭然である。

　わが国の ADR 論議に決定的に欠けているのは，「紛争抑止力としての訴訟」ないし「訴訟の紛争抑止的機能」という視点である。これは従前から指摘されてきた予防法学とか予防法務というものとは異別の発想である。いうまでもなく核兵器は絶対に使うことができない。昔からの表現を使えば「伝家の宝刀」は抜いてはならないのである。しかし，核兵器を保有することが事実として国際紛争＝戦争の抑止力として絶大な効果を有することは明らかである（その是非は別論）。いささか不適切・不穏当な類比であることを承知の上であえていうのだが，ADR に比べて遥かに重装備

で硬直的な訴訟にも，似た紛争抑止効があることを否定できない。ADRに代えて何時でも容易に訴訟が現実的に利用可能な選択肢として存在する（この点は核兵器とは異なる）からこそADRは十分に機能しうるのである。本当は訴訟をしたいのだが，それが現実的に利用できないから，仕方なくセカンド・ベスト＝二流の正義としてADRで我慢せざるを得ないという状況が一般化している社会では，合意を基本的前提とするADRはそれ自体としても紛争抑止力としても働かないのである。この意味での訴訟の重要性は必ずしも訴訟事件の統計的数値に関わらない。その数値が低くても訴訟の紛争抑止効が十全に働いている場合もありうるのである（もっともそういう社会も，一度は訴訟爆発を経験しているのだろうが）。

以上が，法科大学院におけるADR教育の正当化に関する私の試論である。これを局外者の無権代理行為と考えられる諸氏からの反論を期待したい。（偶然にも数日前，弁護士会ADRセンターの中心的存在の一人であり，ADRについて豊富な実務経験を有する某弁護士から，訴訟と全く無関係なADRは実に無力だという話を聞かされた。上記の私見を裏付ける貴重な証言ではあるまいか。）

ちなみに，ADR自体における要件事実論の効用を説く議論が出始めている。前掲注26）の河村論文はその嚆矢的論考といえよう。最近のものとして千野直邦「『裁判外紛争解決手続利用促進法』（ADR法）の整備と要件事実」[57]がある。しかし，ADRへの要件事実論の持込みはADRの認証制度の問題とともに，ADRの生命自体を枯渇させてしまう危険を孕んでいることに注意しなければならない（ADRの概念規定ないしはその類型にもよるが）。私は法科

大学院における ADR 教育の在り方を問題としているだけであり，このような議論の方向には警戒的である。ADR における事実認定（？）も過去の歴史的事実の認定（評価的認定）に尽きるものでないことはもちろんである。

補論・その2　一つの比喩　子どものまま老人化する日本の紛争解決制度

子どもは，成長して青年期，さらに壮年期を経てやがて老人になる。子どもからいきなり老人になるようなことがあるとすれば，それは異常・病的な現象というほかない。紛争解決制度における訴訟と ADR の関係も全く同断であろう。訴訟が未成熟のまま ADR が強調される日本の状況は，あたかも子どものままで老人になる異常・病的現象を歓迎するようなものだと思わざるを得ない。この素朴な常識論は間違っているのか。だとすれば，ADR 論者に是非私の蒙を啓いてもらいたいと切に願う次第である。（余談をすれば，荒俣宏『レックス・ムンディ』（2000，集英社文庫）には子どもでありながら心は老人のように朽ちているかにみえる某教団の教主（の分身）が登場するが，こういう話はフィクションの世界にとどめたいものである。——と書いた後で，構造改革派の経済学者・加藤寛氏（千葉商科大学学長）の「時代を読む　小泉政策を超えよ」という論説を読んだ（東京新聞 2006 年 7 月 30 日（日）3 面）。氏は「小泉内閣は形の上では，官僚天国にメスを入れたものの，結局は日本の構造改革に変化がおきない以上，何も変わらなかったことになるだろう。」という。これを信ずるならば，日本型紛争管理システムにも基本的変化は生じないわけで，日本の紛争解決制度が子どものまま老人化するという不吉なシナリ

オが現実化するおそれは決して杞憂ではあるまい。そうならないことをひたすら祈るのみである。)

補論・その3　ADRと修復的司法 (Restorative justice, RJ)

　近年，刑事司法における修復的司法は理論的にも実際的にもADRと同様に世界的盛行を示しつつある[58]。ADRとRJとの関係をどのように理解すべきかは，難しい問題であるが，両者の類似性は否定できないところである[59]。その意味で本稿の課題にとって，RJが刑事司法機能の外注化・下請け，すなわちコストが安く効率が良いという主張が政界，行政部にアピールしている現実があるという指摘，ピュアリストによるRJ理解は，従来の刑事司法システムを否定し凌駕する方向に進んでいるという指摘は，ADRの問題点を考えるうえでもすこぶる示唆に富む[60]。前原助教授は，ADRもその代替性の意味によっては「裁判を超えた司法システム全体の再検討を迫るものであるということになる。」と指摘しており[61]，高橋教授は法哲学者としてこれに賛同する[62]。RJとの対比という問題は，ADR論者が従来ほとんど考えてこなかった論点だと思う。私自身もRJを視野に入れたADRに関するもっと根源的な考察の必要性を痛感している次第である。

注
1)　調停やADRの概念規定についても議論がありうるが，ここではとくに言及しない。調停についてはさしあたり拙稿「調停（あっせん・相談）」拙著『続・裁判法の考え方—司法改革・を考える—』(2000,

判例タイムズ社) 179頁以下参照。後述のリンドブローム論文注6)は，強制的なADRについてはalternativeでないことを理由に原則としてADRとして取り扱わない。Lindblom. p. 4.
2) この決意は，拙稿「自著を語る『法の支配と司法制度改革』」神奈川大学法学研究所ニュースレター1号（2004）8頁で表明した。
3) 「良いことはカタツムリの速度で進む」という。年をとると先が短いのでつい性急になりやすい。その愚を犯してはなるまいと自戒しているのだが，結果的に本稿はその愚の例証を成すことになるかも知れない。
4) 元国際司法裁判所判事の小田滋氏は「裁判官と学者の間」という講演の冒頭に「欧米人の講演は『ジョーク』から始まり，日本人のそれは『弁解』から始まると言われます。今日の私はその日本人の例であります。云々」と述べている（同「裁判官と学者の間——国際法の場合——（その1)」『法の支配』137号（2005）12頁。典型的日本人である私の書くものがまず弁解から始まるのは当然といえよう（かつて自分の著作を「弁解法学」と命名したこともある（拙著『訴訟における主張・証明の法理』(2002, 信山社) 504頁)。
5) 最近の小島教授との雑談の中で，氏は「古稀の特権」なるものがあり，古稀を過ぎた人間は物笑いの種になるようなことでも大胆・自由に発言できる特権を有しており，自分も近く古稀に達するので，そうしたら大いにこの特権を活用するつもりだという。よく聞いてみるとこれは氏の造語に過ぎないとのことであるが，古稀をとうに越えている私にはすこぶるわが意を得た発想，造語なので，本稿において早速この特権を行使させてもらうことにした。もっとも私は，古稀に達する遥か前から無意識的にこの特権を濫用して顰蹙を買っていたのかも知れない。

（本稿を一応，書き上げた時，ジャパンタイムズ紙上で"SHIGEAKI HINOHARA Doctor of reforms" Interview by TOMOKO OTAKE という記事に接した。January 8, 2006, at 15-16. それによって，今回

の文化勲章の受章者である日野原重明博士が,医学教育(研修医制度を含む)および看護師の権限の拡大に関する改革の長年の実践者で,今なおそれに情熱とエネルギーを傾けている事実を知った。氏は,旧態依然たる医療関係法規を厳しく批判し,「法律は破らなければならない,そうしなければ法律は何時までも変わらない。私は 94 歳でもうあまり残された時間がないので,これからは多くの法律を破ろうと思う。」とまで語っている。法律家である私は法律を破ることなど絶対にできないし,またその勇気も持ち合わせていないが,氏の圧倒的な改革の情熱とエネルギーにほんの少しでも学ばなければ,と痛感する次第である。たとい「西施のひそみに倣う」愚挙に終わるにしても。なお,この記事は医師と法曹との類似性にかんがみ,多くの面で法曹養成教育にも示唆的である(司法修習制度への言及もある)。ご一読をお勧めしたい。)

6) Per Henrik Lindblom, ADR—the opiate of the legal system? Perspectives on alternative dispute resolution generally and in Sweden.(未公刊。2006 年中に刊行予定。)本論文は 2005 年 11 月にフィレンツェで行われたセミナーで討議されたが,リンドブロームは少なくとも出席者の若干名は彼と同意見のような印象を受けたという。p. 6. なお,本論文のスウェーデン語版はすでに刊行されている。Lindblom, ADR—opium för rättsväsendet? Synpunker på alternativ tvistelösning och valfri civilprocess, SvJT 2006 s. 101. ff.

7) 本稿は拙稿「民事・家事調停の現状と課題」および「調停とその可能性」(いずれも小島武司編『ADR の実際と理論 I』(2003,中央大学出版部)に所収)の続稿というべきものである。だが,本章にはある程度の路線の変更(偏向?)が感じられるかも知れない。

8) もっとも本文に関連する注目すべき論考として,濱野亮「日本型紛争管理システムと ADR 論議」早川吉尚・山田文・濱野亮編著『ADR の基本的視座』(2004,不磨書房)41 頁以下,垣内秀介「国による ADR の促進」同書 90 頁以下がある。とくに前者は意見書およ

び司法制度改革推進本部の「ADR 検討会」の問題点を総合的かつ根本的に検討する。ただし，いずれも法曹養成制度との関係については言及していない。(なお，同書末尾の「座談会」はすこぶる面白い。発言者ら（編者と和田仁孝）の基本的立場とその異同がよく分かる。)

9) いうまでもなく訴訟＝裁判の機能は紛争解決に尽きるものではない。リンドブロームは，①紛争解決，②市民の行動制御（behavior modification），③先例形成および司法的法形成，④立法および行政に対する司法的審査，⑤当事者とのコミュニケーション機能の五つを挙げて，ADR におけるその機能・程度との比較検討を行っている。Lindblom, p. 7 et seq. ③に関連して，大澤恒夫「『法へのアクセス』と民間の自立的関与」判例タイムズ 1187 号（2005）82 頁は「ADR におけるルール・メイキング」に注目するが，公表の程度を問題とする。

10) 拙著『法の支配と司法制度改革』(2002，商事法務) 58 頁以下，141 頁以下，など。この危険は「ADR 検討会」の審議経過，ADR 促進法の制定さらに準法曹（意見書の表現では「隣接法律専門職種」）の権限拡大等によって現実化しつつある。「ADR 検討会」の問題点については前掲注 8) の濱野論文および同書「座談会」における濱野発言（288，293 頁）参照。濱野教授は，同検討会の「討論の進み方全体が目に見えない壁のようなもので取り囲まれ，検討があるところ以上に深まっていかない。」とし，ADR に関する基本的な法制の整備は「このまま進めば，『法の支配』を促進するよりは，妨げる結果になるのではないか」と危惧している（同書 41 頁）。現時点から見ればこの危惧はまさに的中したというべきであろう。なお，「目に見えない壁のようなもの」の具体的内容については, 前掲注 22) 参照。

比較法的関連では，リンドブロームが EU およびヨーロッパ審議会（the Council of Europe）の ADR 政策について，法の支配の保障の重要性と ADR の拡大的利用をともに強調する矛盾を鋭く指摘していることが注目に値する。Lindblom. p, 23.

11) ADRは「正義へのアクセス」の第三の波といわれる。しかし，実はそれは第一，第二の波からの後退（retreat）ではないかという重大な疑問が提起されている。Lindblom, pp. 5-6. なお，第四，第五の波については小島武司「正義へのアクセス，その新たな波」判例タイムズ1183号（2005）120頁以下参照。

12) かねて私は，法曹人口の増加とその職域の拡大とはワン・セットで議論する必要があることを指摘・強調してきた。拙稿「法曹人口増加論のために」拙著『裁判法の考え方』（1994, 信山社）92頁以下。そこでの著者の提案は現在でも有効性を失っていないと思う。例えば，行政訴訟等における指定代理人制度の廃止など1964年に提出された「臨時司法制度調査会意見書」以来の経緯にかんがみ，今回の司法制度改革において真っ先に実現されるべきものであった。しかし，司法制度改革推進本部の「行政訴訟検討会」では「指定代理人制度そのものを廃止することについて更に検討」することは，「今後の残された行政訴訟等の改革の主な課題」の中に含まれているに過ぎない。唖然とするのみである。橋本博之・水野武夫「改正行政事件訴訟法と今後の改革」『自由と正義』55巻12号（2004）75, 77頁参照。

13) 谷口安平「和解・国際商事仲裁におけるディレンマ」前掲注8)『ADRの基本的視座』204頁参照。

14) 例えば，司法書士に対する訴訟代理権の授与に加えてその資格要件の緩和など，法科大学院制度と果たして平仄が合うのか。前掲注12)の指定代理人制度に関する態度などとあわせ考えるとき，法務省（およびその他の関係省庁）は意見書の内容の全面的実現を真剣に志向しているではなく，つまみ食い的に意見書を利用しているのではないかという疑念をぬぐえない。関連して「ADR検討会」に関する前掲注8)の濱野論文および発言を参照。

　ちなみに，法務省の事務次官や検事総長を歴任した原田昭夫氏は，日本法律家協会の機関誌『法の支配』の「巻頭言」において「民主

社会での紛争解決のあるべき目標は，洋の東西を問わず，迅速・的確な司法制度の確立を大前提に，訓練された法律家による当事者が納得できる解決への努力であるべきこと」を強調している（同「紛争解決と『法の支配』の今日的意義」『法の支配』139号（2005）3頁）。法務省当局は原田氏のこの言葉を噛みしめて欲しいと思う。

15) 法曹人口の増加とその職域の拡大とは「鶏が先か，卵が先か」の関係に近いとしても，現在は一方だけを偏重した楽観論しか聞こえてこないことが問題なのである。かつてはその逆の極論が法曹界を支配していたことの反動か。前掲注12)の拙稿参照。

16) 真偽は別として，姉歯秀次元建築士は耐震強度偽装の動機について，建築主の側から鉄筋を違法な程度にまで減らせ，できないなら事務所を変えると強要され，家族の生活もありやむなくこれに応じた旨説明している。東京新聞2005年12月15日（木）朝刊3面など。

17) 『自由と正義』誌上には毎号のように弁護士の倫理と経済的問題との密接な関係を窺わせる懲戒事例が掲載されている。（ただ，これを弁護士倫理の低下現象とのみ捉えるのは短絡的で，その一面も否定できないにせよ，懲戒事案の公表がそういう印象を強く与える面もあろう。主として所轄官庁の監督に依存する他の専門職分野にはヨリ多くの職業倫理違反行為が横行している可能性があるのである。私も一応弁護士登録をしているので顧みて他をいうわけではないが，前掲注16)の事件などはこの推測の合理性を裏付ける。）

18) 司法書士会などはとくに熱心であるが，やや特異なADRの試みとして土地家屋調査士会によるものがある。土屋明広「土地境界紛争ADRにおける自立的／法的解決の実践的架橋」九大法学91号（2005）544頁以下参照。準法曹の職域拡大型ADRについては，これに対する悲観的見通しを述べる中村芳彦「ADR立法論議と自立的紛争処理志向」前掲注8)『ADRの基本的視座』255頁以下の指摘がとくに重要である。★ 二弁仲裁センターの委員長経験者であり，ADRに関する優れた研究者である同氏はその後に発表された論考「二弁仲

裁センターの 20 年と私」第二東京弁護士会仲裁センター運営委員会『二弁仲裁センター 20 年のあゆみ』(2011) の中で ADR 法に対する強い根本的懐疑を表明している (57 頁)。

19) 森博嗣『大学の話をしましょうか　最高学府のデヴァイスとポテンシャル』(2005, 中公新書クラレ) 29 頁。

20) 例えば, 高橋治『名もなき道を』(1988, 講談社) の主人公というべき万年司法試験受験生が法曹になった場合のことを想像してみよ。これは極端な事例だがそれにやや近い人には私自身何度も出会っている。ちなみに, この小説については上記人物のモデルの遺族から同書の著者と出版社に対して損害賠償および出版差止めの訴訟が提起され, 一審では請求棄却の判決がなされた (東京地裁平成 7 年 5 月 19 日判決, 判例タイムズ 883 号 (1995) 103 頁)。最終的には控訴審において和解で解決したと聞く。

21) 波多野二三彦『映画で学ぶケースワークの心』(非売品) 101 頁。中村芳彦弁護士も「ADR に関しては, 弁護士自身も専門家ではありえないという自覚を十分に持つこと」の必要性を指摘する (前掲注 18) の中村論文 248 頁)。

22) 濱野氏はいう。日本型紛争管理システムの「メカニズムの構築と運用の背後には, 国家の官僚が紛争それ自体を『管理』し, それを通じて, 私人の集合体としての社会を『管理』するという発想が潜んでいる。それは, わが国では, 少なくとも今日, あまりに当然視されていて, 言語化して論じられない暗黙の前提となっている。これが ADR 論議を目に見えないところで制約しているのである。」(前掲注 8) の濱野論文 49 頁)。同感の念を禁じ得ない。ちなみに「日本型紛争管理システム」とは濱野教授の造語であるが, それは棚瀬孝雄教授の説を発展的に継承したもので, すこぶる説得力に富む。例えば, 法律相談の件数と訴訟や調停の件数との異常なまでの格差をみると, 「法律相談は法的争論への芽を摘」んでしまう (48 頁) という指摘は, 事態の説明にすこぶる適合的なように思われる。

23) 以下の記述は主として，日弁連主催のシンポジウム「法科大学院におけるADR教育」(2005年10月29日) において配布された資料集および口頭報告による。
24) 私は現在の支配的な要件事実論に与するものではない。ただ，要件事実的思考は法律家にとって必要不可欠だというだけである。私見については拙稿「法曹養成と法の解釈」拙著『裁判法の考え方』(1994，信山社) 210頁，ペーター・ヴェストベリイ，拙訳「処分主義的民事訴訟における訴訟戦術と証明責任」判例タイムズ1170号 (2005) 74頁 (訳者後記)，など参照。
25) 山田文教授の用語。早川吉尚「紛争処理システムの権力性とADRにおける手続の柔軟化」前掲注8)『ADRの基本的視座』16頁による。
26) 河村浩「家事調停事件における『説得』の基礎——要件事実論・事実認定論を手掛かりに」判例タイムズ1151号 (2004) 26頁以下。
27) 後述するように，最高裁はもちろん日弁連も「調停官」を「非常勤裁判官」と称して怪しまないところに，司法部，法曹界全体が日本型紛争管理システムで骨絡みになっている状況が窺われるといってよい。このシステムは意識の深層レベルでADR論者をも強く呪縛しているのではあるまいか。なお，中村芳彦「弁護士業務としてのADR」『二弁フロンティア』2005年9月号は，相談業務をしない弁護士はいないはずで，すでにこの段階でADRは弁護士業務の中に自動的に組み込まれているとする (32頁)。同論文は法科大学院におけるADR教育の価値・重要性の探求の試みとして評価に値する。
28) Arudou Debitou, Lawsuit-free land a myth, *Japan Times*, January 2, 2006, at 15 は，一般市民 (主として外国人) の立場から訴訟の価値を強調する。ADRはこの論説で取り上げられているような問題について果たしてどれほど役立つのであろうか。もっとも，それが訴訟と連動するとき大きな有用性を発揮しうることを否定するわけではない。この点については波多野二三彦「ADRによる被害児の生涯救済・森永砒素ミルク事件の教訓」判例タイムズ1031号 (2000) 22頁

第 5　ADR 教育と法科大学院　149

　以下，など参照。訴訟における和解・調停の活用もこれに含まれる。

　　なお，前掲注 18）の中村論文 265 頁は，「司法の総量そのものが少ない日本の場合においては，ADR の拡充・活性化においては，むしろ裁判所の利用促進という副次的効果も狙ってゆく必要がある。」とし，そこに日米の ADR の存在理由の実際上の違いがあるという。注目すべき指摘であり，基本的私見との距離はかなり近いように思う。

29)　宮崎哲弥「論壇時評」東京新聞 2005 年 12 月 28 日（水）夕刊 9 面。

30)　前掲注 22）参照。なお，最近のわが国における一連の制度改革に対する一般的私見については拙稿「創刊 50 号を迎えて——法律家の憂いと祈り：法の支配の行方—」神奈川大評論 50 号（2005）に述べた。その一部を再録すれば以下のとおりである。「大雑把な比喩を許していただければ，司法改革を含むこの国の全ての改革について，沈没しかかった日本丸という巨船の中で，差し迫る危難に気づかぬ惚呆け，権力呆けの乗客たちが既得権益の奪い合いのゲームに熱中しているのではないかという素朴・率直な感想が湧いてくるのである。」

31)　このことは家族法が原則として強行法秩序であることと関係していよう。民事・家事両調停にまたがり旺盛な著作活動を続けているのは梶村太市教授（元裁判官）で，主に家事調停に特化した研究者としては高野耕一氏（元裁判官，大学教授），棚村政行教授などが注目される。なかんずく高野氏は家事調停に関する情熱的論客である（同『家事調停論』（2002，信山社），など参照）。

32)　「日弁連家庭裁判所シンポジウム・家事調停を考える（下）」判例タイムズ 1177 号（2005）52 頁における高野氏の発言，など参照。

33)　棚村氏はわが国で同席調停があまり利用されない理由について興味ある説明をしている。すなわち，同席方式は調停者のスキルを要求するのに対して，個別方式だとそれがなくても調停がまとまりやすい，わが国の調停委員は概してスキルを持たないので個別方式に傾くのだという（前掲注 32）判例タイムズ 1177 号 41 頁における同氏の発言）。家事調停の標準的解説書は別席調停が主流であることを

認めつつ，同席調停を原則化すべきことを説く（梶村太市・徳田和幸編『家事事件手続法』(2005，有斐閣) 51-52頁（梶村執筆））。

34) 最近のものとして，坂元和夫「調停の進め方への疑問」『かもがわ』37号(2005) 4頁。坂元氏は裁判官出身の弁護士。この論考に対しては，地元の京都だけでなく，全国各地の調停委員や裁判官，弁護士から「同感だ」とか，「考えさせられた」とかいう感想が寄せられたとのことである（同「よりよい調停のために」同誌38号 (2006) 3頁）。同様の問題点が現在でも裁判所調停に瀰漫していることの証左であろう。

35) 私は30年前の調停制度大改革に際し，「弁護士調停主任官」制度の採用を提案した（拙稿「民事調停の基本問題 (3・完)」判例タイムズ306号 (1974) 20頁）。この提案は今の「調停官」と全く同様の内容のものである。ところがこの提案は，裁判官不在の調停に対する批判に熱狂的な日弁連からは一顧だに与えられず，有力な民訴学者からは違憲の疑いがありうると批判された。今回の「調停官」制度の発足にあたっては，日弁連はこれを弁護士任官の一環として大歓迎し，違憲論の声はついに理論，実務の双方から全く聞かれなかった。まさに隔世の感を覚える。法政策，法解釈も時代とともに変化することを否定するつもりはないけれど，いささか変身が安易に過ぎるように思われてならない（調停の実態そのものはあまり変化しているわけではない。前掲注34) の二つの坂元論文参照）。反時代的考察にこだわるゆえんである。ちなみに，裁判員制度について違憲問題を精密に検討するものとして，西野喜一「日本国憲法と裁判員制度（上），（下）」判例時報1874, 1875号 (2005) が参照に値する。（ただし，私は裁判員制度に全面的に反対するものではない。拙著『続・裁判法の考え方——司法改革を考える——』(2002，判例タイムズ社) 97頁以下，など参照。）

36) 民事調停官・家事調停官とくにその実態については，『自由と正義』56巻4号 (2005) の「特集1 非常勤裁判官」の諸論文，および石井誠一郎「家事調停官を経験して」判例タイムズ1185号 (2005) 80

頁以下，など参照。とりわけ石井「家事調停官を経験して」は家事調停官のみならず，家事調停および家事調停委員の実態について有益な情報を与える。

37) 実はこの点に違憲の疑いという批判の根拠があると考えて，私はその後「弁護士調停主任官」の権限を純粋の調停作用に限定するよう私見を修正した（拙稿「パートタイム裁判官是非論」前掲注12)『裁判法の考え方』135頁）。なお，異議申立制度の導入の結果，かつて「伝家の宝刀」であった調停に代わる決定は今や「日常の包丁」に等しいとされるが（石川明・梶村太市編『注解民事調停法〔改訂〕』(1993，青林書院）238頁（梶村執筆），調停に代わる審判について前掲注33)『家事事件手続法』88頁（梶村執筆）は同旨），危険な刃物であることに違いはない。むしろ包丁のほうが危険だともいえるのである。

38) 調停官制度の目的の一つに「弁護士任官」の促進が掲げられている。かねて日弁連はそのために非常勤裁判官制度を強く主張してきており，調停官は年来の主張の実現といえるが（前掲注35）参照），非常勤裁判官制度の問題点について，前掲注37)「パートタイム裁判官是非論」128頁以下，拙稿「司法に対する国民参加とパートタイム裁判官」前掲注12)『裁判法の考え方』291頁以下参照。

39) 前掲注36)の石井「家事調停官を経験して」，前掲注34)の坂元『調停の進め方への疑問』。石井氏は「当事者の代理人として一番不愉快なのは，調停の取下げを迫られることである。」と書いている（85頁）。ちなみに，調停の取下げは申立人にとってなんら特典がないので実務上好ましくないと解されている（前掲注37)『注解民事調停法』101頁（石渡哲執筆))。家事調停の標準的解説書も「明文の規定は欠くが，申立人は調停申立ての維持を望まないときは，……その申立てを取り下げて調停手続を終了させることができる。」（前掲注33)『家事事件手続法』72頁（梶村執筆)）というのみである。取下げの強要があることなどは想定されていない。

40) 前掲注34)の二つの坂元論文参照。
41) 私はかつて「調停における当事者権」として調停委員に対する選択権, 除斥・忌避権を認めるべきことを提唱した（拙稿「調停における当事者権の保障」『民事調停の諸問題』別冊判例タイムズ4号(1977) 39頁以下）。こういう言語道断な調停委員の言動を知らされ, 改めて当事者権の必要性を痛感する。「調停の相手方は許せるが, あの調停委員だけは許せない」という当事者まで存在するとのことであるが（前掲注36)の石井「家事調停官を経験して」85頁), これでは何のための調停か分からない。家事調停は「家庭に関する事件」について調停前置主義を採用しているから（家事審判法18条）問題は深刻である。このような調停委員は少数だとしても, 利用者の裁判所調停に対する信頼度に与える悪影響は計り知れないものがあろう。ちなみに, リンドブロームは強制的ADRをADRの範疇から原則的に除外している。注1) 参照。
42) 前掲注36)の石井「家事調停官を経験して」84頁。
43) 前掲注36)の石井「家事調停官を経験して」からは調停制度改革の意欲がひしひしと感じられる。ただ, その石井氏すら当事者の理解の便宜上「担当裁判官の石井です」と名乗っているという (85頁)。ここに裁判所調停の内蔵する問題点が露呈しているようである。関連して次注44) も参照。
44) 田中成明『法への視座転換をめざして』(2005, 有斐閣学術センター) 236, 238頁。
45) 石井氏は, 調停の運営については裁判官よりも弁護士のほうが適任だとして, 調停はすべて調停官が行い, 裁判官は訴訟・審判に専従するという案を検討課題として提示する。前掲注36)の石井「家事調停官を経験して」86頁。これは前掲注37)の私見と同じである。
46) 2003年度における弁護士会調停および仲裁の全国の受理件数は合計1118件に過ぎない。それでも前年度に比して68件 (6.4%) 増加という。日弁連の「仲裁統計年報」（インターネット）による。

47) 将来的には，ADR センターのサポートが市民型 ADR に対して事実上認証に代わる信頼度を付与できるようになることが期待される（ADR センターが怪しげな僭称市民型 ADR をサポートするはずはないから）。そうなれば，ADR 促進法による認証など有名無実と化する可能性もある。これは認証を日本的紛争管理システムの発現の新たな一形態と捉える私の願望でもある。なお，イングランドの ADR の実情をもとに，わが国の民間型 ADR の課題を検討する長谷部由紀子「民間型 ADR の可能性」前掲注 8）『ADR の基本的視座』151 頁以下も参照。

48) 前掲注 23）のシンポジウムにおける小島武司教授の発言。ちなみに，最近の「仲裁 ADR 学会」や「日本仲裁人協会」の設立にみられる ADR の理論的隆盛は，皮肉にも ADR の惨憺たる現状を象徴しているのかも知れない。諸子百家が出現したのは天下麻のごとく乱れた春秋戦国の世であった。

49) 前掲注 8）の濱野論文参照。

50) 脱稿後に接した和田仁孝「ADR 手続における専門性と法情報」『仲裁と ADR』1 号（2006）所収は，訴訟事件数，弁護士数など司法インフラの国際比較におけるわが国の例外的な貧弱さが，日本の ADR の論議,在り方に与える影響について的確に指摘している（10-11 頁）。この指摘は同教授が ADR の代表的論客であるだけに注目に値しよう。ちなみに，同論文を含めて同誌掲載の論考，記事からは多大の教示を得たが，それらを参酌しても本章における私見を変更する必要はないと考える。

51) 前掲注 27）の中村論文 35 頁は調停民営化を提唱する。新たな調停がそういう姿を示すものになることも十分に予想される。

52) 峯崎淳「横浜物語〔その 1〕」『CE 建設業界』54 巻 10 号（2005）34 頁はいう。直接に大老井伊直弼の命運を決したのは「将軍継嗣問題である。その後の歴史の推移を知っているわれわれから見れば，将軍の継嗣などコップのなかの嵐に過ぎなかった。何時の世でもそう

だが，当代の者には当代が見えない。」夢想というゆえんである。

53) 前掲注8)の垣内論文83頁以下，など参照。
54) 罪刑法定主義は「法からの自由」の保障として捉えることができる。
55) 岡本三夫「平和学――過去・現在・未来――私の自伝的『平和学』論――」修道法学27巻2号（2005）14頁以下，など参照。なお，ガルトゥングについては，井上孝代『あの人と和解する――仲直りの心理学』（2005，集英社新書）など参照。
56) 例えば，佐藤友之『「法治国家」幻想』(1999，学文社) は，市民の立場からの法・裁判に対するそのような批判として読むことができよう。
57) 伊藤滋夫・企画委員代表『要件事実の現在を考える』(2006,商事法務) 196頁以下。
58) 細井洋子・西原春夫ら編著『修復的司法の総合的研究――刑罰を超え新たな正義を求めて――』(2006，風間書房) など参照。
59) 前原宏一「修復的司法と裁判外紛争解決（ADR）」上掲注2) 58頁以下は，この問題に取り組んだ好論文である。
60) 前者は西原春夫教授（上掲注2) の序v頁)，後者は前原宏一助教授による（上掲注3) 65頁)。
61) 上掲注3) 61-62頁。
62) 高橋文彦「矯正的正義と修復的司法に関する一試論――東ティモールのCAVR調査を契機に――」明治学院大学法律科学研究所年報22号（2006）57頁。同論文はRJについてアリストテレスの正義論に遡って考察する知的刺激に富む論考であり，ADRについても根源的な問題を指摘する（56-57頁)。

後　記

　送稿直後に締切日が本年7月末日に延期された旨の通知を受けた。本稿は昨年末が締切りという条件下で泥縄式に書き上げたものでいわば半製品に近い。大幅な手直しをしたい誘惑に駆られるが，1月以降ずっと他の仕事に忙殺されており時間的余裕に乏しく，かつは正月休みを犠牲にして書いた本稿にはそれなりの愛着もある。そこで，基本的には無修正のままとしその後における貧しい思索の結果の断片を補論として書き加えるにとどめた。(2006年7月末日)

附　記

　第2論文（**3.** ②）において紹介した「法の支配とADRの対立・相剋」に関するスウェーデンの訴訟法学者リンドブロームの所論は極めて重要な問題提起である。わが国のADR論者の間でこの問題はどのように受け止められているのか。私は寡聞にして知らないが，識者からご教示を賜ることができれば幸いである。

附録 第1

行政改革と司法制度改革

1. はじめに――司法制度改革と行政改革との近似性

　私はオンブズマンに関する専門的研究者ではない。オンブズマンの研究者のおおむねは公法学ないし行政学を専攻領域としているように思われるが，私の専門分野は民事訴訟法・裁判法（≒司法制度論）である。しかるに，私に本稿の課題が与えられたのは私がわが国における数少ないスウェーデン法研究者の一人であり，かつオンブズマンについて過去に若干の論稿を発表していることによるのであろう。いったんはその任でないことを自覚するがゆえに固辞したにもかかわらず，結局本学会における報告（基調講演？）そして本稿の執筆を引き受けたのは，スウェーデン法研究者としてこの機会を活用してスウェーデンのオンブズマン制度に関する自分自身の理解をヨリ深めたいという願望と，もう一つはこの課題が現在進行しつつある司法制度改革という私の本来の研究領域における重要課題と近似性，密接な関連を有するのではないか，したがって司法制度改革という視点と関連させて本稿の

課題にアプローチすること—いわばマージナルマンの立場からの考察—が有意味なのではないかという想念とが重なったからである。

私見によれば、司法制度改革[1]はわが国の積弊である疑似的法の支配と規制行政からの脱却に加えて国民の意識のレベルにおける儒教的民衆像から民主的市民像への転換（観客民主主義から参加民主主義へ）を不可避的に促す面がある。このことは行政苦情・紛争の処理ないしオンブズマン制度を考える場合に司法制度改革との関連を視野に入れることの重要性を示唆しているといえよう[2]。このように考えるとき、私ごとき本来のオンブズマン研究者でない者が本稿の主題について発言することにもいささかの意味がありうるのではあるまいか[3]。

2. システムの基本的在り方を考える

1) つまみ食い的比較法への警戒

周知のようにオンブズマン発祥の地はスウェーデンであり、スウェーデン語の ombudsman はほとんどそのまま英語などにおいて用いられている。しかし、オンブズマン制度の国際的発展に伴いその意味・機能は変容・拡散しており、オンブズマンを一義的に定義するのはすこぶる困難である[4]。例えばその役割に着目すると、スウェーデンの祖型にかなり忠実な行政監察を中心としたいわば「古典型」と行政部内の苦情処理にほぼ純化した「行政型」とに分けることができ[5]、さらに様々な両者の中間的形態がみられる[6]。

それはそれとして、このように多様なオンブズマンの在りよう

は，スウェーデンの国会オンブズマンを参考にして新たな国会オンブズマン制度を構想する場合,「躓きの石」になるかも知れないということを警戒すべきだろう。それは一方において国会オンブズマン制度に対する過剰な期待，他方においてその矮小化という相反する好ましからざる立場・見解を生む余地があるからである。とくにわが国の立法論，法解釈論においては外国の法制をありのままに理解する努力を惜しみ，安易に自己に都合が良いように利用することがしばしば行われてきたからである。私のいう「つまみ食い的比較法（外国法）」の濫用である。もちろん外国の法制を正しく理解することは「言うは易く行うは難し」であるから，つまみ食い的比較法の危険に留意しつつあえてこれを用いることは現実の立法や法解釈においてやむを得ないところである。（自国の法についてすら正しい理解は必ずしも容易でなく，意見の対立が珍しくないことは最高裁判決における少数意見の存在を考えただけでも容易に察せられよう。）

したがって，本稿において私がスウェーデンの国会オンブズマンについて云々するところも所詮は私が現時点において理解しているそれに過ぎず，それを前提としてわが国における国会オンブズマンの導入の問題を考えているに過ぎないことをお断りしておく[7]。

2) 基本的態度決定

わが国でスウェーデンの国会オンブズマン類似の制度を導入することが望ましいかという基本的態度決定については必ずしも意見の一致はみられないであろうが，私自身は賛成の立場に与する。

主要な理由を述べれば以下のとおりである[8]。

第1に：現在の行政相談等による苦情処理および行政監察制度はかなり高く評価されてしかるべきであるが[9]，行政苦情の処理を通じて行政監察を実効的に行う法制度として十全なものとはいい難い[10]。また，行政部に付置されているため独立性の面で難点がある。私見によれば，国会オンブズマン制度は個別的苦情処理を通じてヨリ構造的な行政監察を実現しうること，いわば「虫の目」と「鳥の目」との不断のフィードバック＝機能的結合による行政の苦情処理・監察のシステムであるところにそのユニークな特色がある。その真価は他のシステムをもって容易に代替し得ないというべきである。

第2に：わが国では行政訴訟事件数が極度に少なく，また通常裁判所が行政事件を取り扱うので処理に時間がかかり，コスト高その他一般市民にとってアクセスが極めて困難である[11]。スウェーデン人の目からみれば日本の行政訴訟は不存在に等しいと映ずるかも知れない[12]。それゆえわが国では処理が迅速でアクセスの容易な国会オンブズマン制度が一種の行政最高裁として機能することが求められる。それは行政機関・公務員にとっても，市民一般にとっても先例形成的な意味で重要性を有する。すなわち，行政苦情の発生を事前に抑止する予防的機能を担いうるのである[13]。

第3に：グローバリゼーションの中で行政全般における実質的な法化の一層の実現が必要であり[14]，それは現行の行政苦情の処理，行政監察や行政訴訟だけでは対応することが困難である。

以上に述べた国会オンブズマン制度導入の理由は，後述する

制度設計の試案の内容を規定することになろう。

3) 憲法論的懐疑の克服

ところで、導入反対論としてわが国の現行憲法では導入は不可能だという議論があるようである。私はその論拠を必ずしも十分に理解し得ていないのであるが、憲法の解釈は時代に応じて急激に変化してゆくものであることに留意する必要がある。このことを示す典型例として司法制度改革における裁判員制度に関する論議が挙げられる。国民が司法に直接参加する制度としては陪審制（陪審員のみで有罪・無罪を判断）と参審制（参審員と裁判官と一緒に有罪・無罪と量刑について判断）とがあるが、裁判員制度は裁判員の選任については陪審に、その他については参審に酷似する制度である。かつては憲法解釈として陪審制も参審制も憲法違反として許されないという解釈が支配的であり、裁判員制度の導入については違憲論も強く主張されたが（最高裁自体ある時点まではその立場であった）、裁判員制度は違憲論を排して立法化され、最近最高裁大法廷判決（2011・11・16）は裁判官の全員一致でその合憲性を認めた。管見の限り今では憲法学説のほとんども合憲説に転じたようにみえる[15]。ここは憲法解釈論の是非を論ずる場所ではないのでこれ以上の詳論は割愛するが、この問題との関連においてここで指摘しておきたいのは、憲法解釈といえどもドラスティックに変化しうること、かつその際には憲法前文の国民主権主義が最大限に強調されうることである。この2点はオンブズマン制度導入に関する憲法論についても妥当するといえよう。

このように考えるとき、国民主権主義をより徹底・強化し、国

会の国政調査権を補完し，十全ならしめる方策として国会オンブズマン制度の創設は極めて望ましく，それは決して憲法に違反するものではない。したがって，そのための憲法改正など不要と解すべきである。わが国における憲法改正が憲法9条の改廃問題と連動する極めてセンシティブな論点であることを思えば，オンブズマン制度導入のための憲法改正必要論は論者の意図は別として実はオンブズマン制度不要論に等しいのである。

4) 現行の行政相談・監察および行政訴訟と国会オンブズマンとの併存と競争

現代行政の分野は広範であり，かつ複雑多岐にわたる事項を包含する。したがって，行政における国民の権利保障を十全ならしめるためには多種多様な法的手段が用意される必要がある。既存の行政訴訟[16]や行政監察（評価）・行政相談の改革・改善さらに必要とあればオンブズマン制度の導入が検討されるべきことになる。その際に有益いや必要な一つの視点は諸制度の間の競争的共存ということではあるまいか。もとより国家財政的見地からは無用な同種機関の併存は避けるべきであるし，各機関が責任回避のために事案を他の機関にたらい回しする弊害を生ずることのないような配慮が要求されることはいうまでもない。しかしいわば"行政における権利保障・救済のマーケット"で良き意味の自由競争と協働が行われることが望ましいと考える。その意味では民間の市民オンブズマンが共存することにも大きな意義があるといえよう[17]。

3. 一つの制度設計試案

　以上のような前提的事項に配慮しつつ本稿の課題であるスウェーデンの国会オンブズマン制度にかんがみた一つの制度設計試案の提示を試みることにする。

　およそ全ての制度は究極するところそれを生かす適材を得ることができるかどうかによってその是非が決せられるといってもよい。他方，適材を得ることができるためにはそれを誘引するにふさわしい制度作りが必要である。制度とそれを運用する人とはまさしく車の両輪なのである。

　では，国会オンブズマンとしてはどのような人材が望まれるのであろうか。その職務は一口でいえば行政の法的コントロールで，しかも独任制の機関（後述③参照）なのだから高度の能力を有する法律家が第一候補になる。具体的には最高裁判事に匹敵する程度の人物ということになろう。この場合に留意すべきは政官財各界のエリートといわれる人々の多くはこの地位に不適合的だという点である。国会オンブズマンは有能な補佐職の援助を受けるとはいえ，最終的に自己の責任において意思決定をした内容を的確に文章化しなければならない（それは裁判官の判決起案に類比される）。この文書（意見書）は国会に対する説明責任の履行として要求されるし，また最高裁判決に代わる一種の先例的機能を果たすためにも重要である。その仕事は部下の複数の意見を調整したり，彼らの作成した原案に決済を与えたりするようなこととは著しく異質なものである。したがって，高名な政治家や官僚の頂点にまで達したような人物はその優れた見識や豊富な経験が国会オンブズ

マンとしてふさわしいと考えられるにしても，それだけでは国会オンブズマンの職務を十全に果たすことができないといわなければならない[18]。このことを念頭に置きつつ，以下，さらに若干の項目について検討してみよう。

① 国会による選任の現実的可能性？

与野党が激しく対立することの多いわが国の国会の状況をみると，果たして適切な国会オンブズマンの選任が可能なのか疑問を呈する向きもあるかも知れない。しかし上述のような国会オンブズマンの適格者の条件や後述する職務権限にかんがみ過度に政治的にアクティブな人が選任の対象になることはあるまいから，あまり心配する必要はないように思う。また，選任にあたってはあらかじめ弁護士会などの意見を聞くことも考慮に値しよう。

② 職務権限

当然のことながら，スウェーデンの国会オンブズマンと同様に特別検察官としての捜査・訴追や立法上の意見表明などの権限も含むものとすべきである。

③ 単独制か合議制か？

私はかつて（4半世紀前）行政調停委員会という合議制の機関のメリットに論及したことがあるが[19]，時代状況の変化や財政面なども考慮すると，国会オンブズマンについては是非ともスウェーデン型の単独制とすべきである。合議制の有するメリットについては補佐職との協働をもって機能的に代替しうるであろう。

④ 人数・任期

人数はさしあたり3-5人程度とする。取り上げる案件をオンブズマンが重要と認めるものに限定し，後述する補佐職の適切な協

力を得るならば，この程度の人数で事件処理は一応可能だと考えられる[20]。

任期については4-5年とし，再任を認めることとする。裁判官，検察官の定年退職者などを活用する必要性を考えると，最高裁裁判官と同様に70歳の一律定年制を設けるのは疑問である。任期中に定年に達した時も任期満了までの執務を認め，かつ70歳以上の者についてもやや短くした任期（2-3年ぐらい）で選任を認めるべきであろう。また，定年退官したオンブズマンが案件によっては臨時職のオンブズマンとして執務することも可能とすべきだろう。要するに，任期については一応定年制を設けることにせよ最適・最高の人材を確保する見地から個別的に柔軟な対応が求められよう。

⑤ 国会オンブズマンの補佐職

最高裁裁判官を補佐する最高裁調査官に匹敵するような補佐職（調査官と仮称する）を配置すべきである。この職務には主として中堅・若手の法律家を活用する。国会オンブズマンは特別検察官の職務権限も有することにかんがみ，検察官経験者の補佐職も必要だろう。司法制度改革の目玉の一つとして設置された法科大学院出身の法曹の中には実に多種多様な経歴を有する人たちが存在する。私の個人的な知己だけに限っても1級建築士や社会保険労務士の資格・経験を有する人，新聞社の論説委員，テレビ局のアナウンサー・報道記者の経験者などがいる。（場合によっては各省庁からの出向も認めてよい。しかし，この場合はその者が意識的・無意識的に自己の出身省庁の利益の代弁者になることがないよう留意すべきである。）

補佐職の総数については国会オンブズマンの2-3倍から5倍程度までとし，少数精鋭主義に徹するのが望ましい。オンブズマンと補佐職との関係が，会計検査院における会計検査官と調査官との関係類似のものに陥らないことが肝要である。

最高裁裁判官の補佐職について，わが国ではかなりベテランの下級審裁判官経験者が調査官になっており，かつ調査官は裁判官に個人的に所属するわけではない。スウェーデンの最高裁，行政最高裁の調査官もわが国と同様である。これが大陸型の司法制度では一般的だと思う。これに対して米国連邦最高裁などでは若手の優秀な法律家が補助者として任命されており（ロー・クラーク law clerk とよばれる）彼らは裁判官個人に直属する。

これらの補佐職の制度はいずれも一国の司法制度の中で歴史的に形成され発展してきたもので，その是非を外部の観察者が軽々に論断することは慎むべきであるが，新たな制度設計を行う場合にはあえて比較考量をしなければならない。私はかつて日本の最高裁調査官制度について基本的に現行のそれを維持しながら，米国のロー・クラークに類似する裁判官直属の若手の法律家（調査官補）2名を付することを提案した。それは最高裁判決とくにその少数意見の重要性にかんがみ，裁判官に少数意見作成の作業を容易ならしめると同時に，判決・少数意見に裁判官の老，調査官の壮，調査官補の青という多様な世代の意見を反映させることを意図した提言であったが，最高裁裁判官経験者でこの私見を支持する人は少なくない[21]。国会オンブズマン制度を採用する場合にはこの提案を是非考慮して欲しいと思う。ちなみに，スウェーデンの国会オンブズマンは4名であるが，一人一人が完全に独立し

ており，その補佐職も各オンブズマンに分属している[22]。

　以上の私見は法律家偏重に傾き過ぎているとの印象を与えるかも知れない。私自身が裁判官・弁護士出身の法律学研究者であるから無意識的にそのような傾向があるかも知れない。しかし，自分の研究者としての知見に加えて国土交通省中央建設工事紛争審査会の特別委員，神奈川県平塚市の情報公開審査会長等の経験やその他の機会における中央・地方の公務員や各分野の大学教授・学識経験者との接触を通じて形成された卑見（おそらく多分に独断と偏見が混在している）を率直に述べてみたつもりである。忌憚のないご批判を覚悟しているが，いささかなりとも読者のお役に立つことができれば幸いである[23]。

4．おわりに——永久革命としての行政改革

　以上，オンブズマン研究のアウトサイダーでありながら，自らをマージナルマンと称してその特権を行使した愚見を書き綴ってきた。私は日本の行政の各分野において多くの公務員が適正にその職務を遂行しているであろうことを疑うものではない。おそらく一般論としていえば個人として日本の公務員の清廉潔白さは世界に冠たるものがあろう。しかし，公私を問わず真面目人間で構成される組織がその機能を十全に果たし得ているかどうかは別論である。東日本大震災とそれが惹起した福島第一原発事故ならびにその処理状況はこのことを改めて例証しているといってよい。個別的事案における違法・不当な行為の是正・被害救済と組織ないし制度の病理に基づく構造的欠陥の是正・被害救済とは密接に関連している[24]。前者の面においてとりわけ行政相談は注目

に値する効果を発揮してきた。しかし、後者の面において今日本の行政は大きな変革を迫られていることは明らかである。だが、それは一朝一夕にできることではなく、また国会オンブズマン制度を導入したからといって足りるわけでもない。われわれは第2の明治維新にも匹敵する改革を不断にかつ地道に継続して行わなければならないことを覚悟すべきである[25]。それは政治学者の丸山眞男氏がいみじくも民主主義の永久革命と称したものにほかならない[26]。

本稿の冒頭に司法制度改革と行政改革の近似性について述べた。実は一般論として後者は前者に先行すべきものなのである。このことは権力分立制のもとにおける両者の使命・職責の役割分担にかんがみ当然自明のことではあるまいか。やや逆説的な表現をすれば、司法が行政に先行する国、社会は民主主義と法の支配が正常に作動していない不幸な国、社会だということもできる。残念ながらわが国はこの範疇に属するという批判を免れないと思う。多種多様の強大な既得権益と結合した行政の改革よりも、司法制度改革はかなり容易な面がある。その意味で、司法制度改革が行政改革に先行したのは賢明な現実的選択だったといえるかも知れない。行政改革を考える者は司法制度改革との密接な関連を常に銘記する必要があろう。このことを記して本稿の結びとする[27],[28]。

* 本稿は2011年4月17日早稲田大学で開催された日本オンブズマン学会において私が行った同名の報告（基調講演？）に基づくものである。当初本学会は岩手県立大学での開催が予定されていたが、3・11の東日本大震災の発生に伴い、急遽会場の変更等がなされた。この大震

災とこれに起因する福島第一原発事故の発生は実に広範囲の人々に塗炭の苦しみを与えつつある。このような未曾有の危機に際して私ごとき一介の老書生は全く拱手傍観するほかない無力を痛感せざるを得ないが，せめて空論かも知れぬ本稿の内容がこの国，社会をヨリ良くするための議論の一隅にささやかな席を占めうることを願う次第である。

附 記

2013年4月8日（月）夜，東京・新宿の「JICA地球ひろば」においてNPO法人トランスペアレンシー・ジャパン（TI-J）の主催による「市民と公益通報者とジャーナリストをつなぐ夕べ」というイベントが開催された。そこでは公益通報者の先駆的存在である仙波敏郎氏，若林亜紀氏（TI-J事務局長）その他の報告などが行われた。仙波氏には『現職警官「裏金」内部告発』（2009，講談社），若林氏には『ホージンノススメ　特殊法人職員の優雅で怠惰な生活日誌』（2003，朝日新聞社），『国破れて霞が関あり　ニッポン崩壊・悪夢のシナリオ』（2009，文藝春秋）他の著書がある。これらの報告ならびに著書からはわが国の行政改革の切実な根本的重要性がひしひしと伝わってくる。（ちなみに，かつて裁判官として松山地・家裁西条支部に勤務し，令状事務等を通じて警察（官）と多少の接触を持った私は，愛媛県警警察官として正義のための孤立無援の戦いを定年まで実に約40年にわたって続けられた仙波氏に心から畏敬の念を覚える。ここに特記して脱帽する。なお，警察の裏金問題については，北海道警察のそれを扱った原田宏二『たたかう警官』（2009，ハルキ文庫）も感動的な著作である。ノンキャリアで方面本部長（警視長）の地位にまで達した後，一応平穏な第二の人生を過ごしていた原田氏が告発に踏み切った勇気にはやはり脱帽せざるを得ない。「文庫版あとがきに代えて」には警察小説の名手佐々木譲氏への言及もあり興味を惹く。）

注

1)　司法制度改革については，拙著『続・裁判法の考え方――司法改

革を考える──』（2000, 判例タイムズ社）,『法の支配と司法制度改革』（2002, 商事法務）などを参照。
2) 後者についていえば，裁判員制度の導入はまさに画期的な制度改革であり，その影響力は司法の分野を越えて行政その他広範な分野に波及することを予言して誤りないと信ずる。また前者についても，法科大学院制度の創設とそれが産出する大量の法曹人口はこの国における法の支配と民主主義のヨリ良き実現を可能ならしめる必須の条件を用意するとさえいえるのである。私はつとに法曹人口問題との関連における規制行政の問題点を指摘してきた。最近のものとして，拙稿「法の担い手の特殊日本的存在形態」佐々木有司編『法の担い手たち』法文化（歴史・比較・情報）叢書⑦（2009, 国際書院）221頁以下，とくに229-231頁参照。最近話題になっている古賀茂明『官僚の責任』（2011, PHP新書）は随所で縦割り規制行政の弊害，問題点を指摘し，その改革を提言するが（167-170頁等），私も法科大学院制度の創設の論議の過程で上級公務員の世界における縦社会から横社会への転換の問題について論及している（拙著・前掲注1）『統・裁判法の考え方』36-40頁参照）。なお，この縦社会から横社会への転換の困難さを物語る臨床報告として，中野雅至『1勝100敗！　あるキャリア官僚の転職記　大学教授公募の裏側』（2011, 光文社新書）は興味深い。
3) 国会オンブズマンの導入に関連する諸問題については，2009年12月超党派の衆議院議員（前職を含む）の参加によって発足した「議会オンブズマン調査研究会」においてかなり具体的な調査研究が行われつつあることが紹介されている（南部義典「議会オンブズマン調査研究会における議論と今後の課題」『行政苦情救済＆オンブズマン』Vol. 22（日本オンブズマン学会誌6号）（2011）63頁以下）。なお，議会オンブズマンという呼称は地方議会の選任に基づく地方自治体レベルのオンブズマンをも含む意味に用いられうるから，以下ではこの語に代えて国会オンブズマンということにする。

4) 川野秀之「巻頭言 どこまでオンブズマン制度とすべきか」前掲注3)『行政苦情救済＆オンブズマン』Vol. 22（日本オンブズマン学会誌6号）無頁。
5) この分類と名称は行政相談制度研究会『行政機関等による行政苦情処理制度に関する調査研究——オンブズマン制度を中心として』(1976, 行政管理庁長官官房総務課）195-196頁による。同書は小島武司・外間寛両教授らが行政管理庁の委託研究として行った共同研究の報告書である。なお南部・前掲注3)「議会オンブズマン調査研究会における議論と今後の課題」64頁参照。
6) 例えば，川野秀之「アジア諸国のオンブズマン制度の現状——世界と日本へのつながり——」『季刊行政相談』129号（2011）30頁以下参照。
7) スウェーデンの国会オンブズマンに関する最近の有益な論考として，坂田仁「スウェーデンの議会オンブズマンについて——オンブズマン年次報告書をてがかりに——」常磐大学『人間科学論究』18号（2010）1頁以下，同「議会オンブズマン制度200年記念論文集『議会オンブズマン——法律の番人』を読む」同誌19号（2011）53頁以下がある。坂田氏は長年主に刑事法を中心としてスウェーデン法の研究に従事してきた人である。
8) 以下の理由の補完として拙稿「私的オムブスマンと行政調停制度」『ジュリスト』624号（1976）37-38頁参照。
9) 例えば，行政法の権威である小早川光郎教授も行政相談の機能を高く評価している（同「行政相談・偶感」『季刊行政相談』131号・行政相談委員制度50周年記念特別号（2011）40-41頁）。ちなみに，氏は私の知る限りスウェーデンの行政法に最も深い関心を有するわが国の公法学者に属する。
10) 拙稿・前掲注8)「私的オムブスマンと行政調停制度」41頁参照。
11) 拙訳『[翻訳] スウェーデン手続諸法集成』(2011, 中央大学出版部) 96-97頁参照。

12) スウェーデンの行政訴訟は伝統的に簡易・迅速・安価な法的保護を私人に与えてきたといわれていることに留意すべきである。これはわが国などと比べて大きな特色である。拙訳・前掲注11)『[翻訳] スウェーデン手続諸法集成』121頁の注記*を参照。

13) 前掲注12)のような優れた行政訴訟制度が存在するにもかかわらず，スウェーデンにおいても国会オンブズマンの報告書は先例的意味で利用されている。例えば、Hans Ragnemalm, Förvaltningsprocessrättens grunder, Åttonde upplag. 2007, s. 46（同書第7版の拙訳『スウェーデン行政手続・訴訟法概説』（1995，信山社）では41頁）などをみよ。坂田・前掲注7)「スウェーデンの議会オンブズマンについて」6頁も参照。

14) 例えば濱田邦夫「世界正義プロジェクト2011年版『法の支配指数』—— The World Justice Project Rule of Law Index r 2011 ——について」『法の支配』163号（2011）5頁以下参照。ちなみに米国の「法的起源説」論者は，①司法システムの効率性，②法の支配，③汚職（買収）その他の「法の支配」基準と国家の会計基準を用いた判定によれば，法の執行の質においてスカンジナビア諸国は明らかにトップに位するという（五十嵐清「比較法と経済学——『法的起源説(Legal Origin Thesis)』を中心に(1)——」『札幌法学』22巻1号(2010) 162-163頁）。さらにいささか余談にわたるが，キリスト教がイスラム教よりも優位になった最も根本的な理由についてキリスト教徒が自由に法律を作れる点だと思うという橋爪教授の指摘は，法化との関連でも興味を惹く（橋爪大三郎・大澤真幸『ふしぎなキリスト教』(2011, 講談社現代新書) 275-276頁。336-337頁も参照。

15) 宍戸常寿「国民の司法参加の理念と裁判員制度——憲法学の観点から」後藤昭編『東アジアにおける市民の刑事司法参加』(2011, 国際書院) 139頁以下参照。

16) 行政訴訟は「司法型オンブズマン」ともいうべきものと表現する論者もいる（園部逸夫「現代型オンブズマン随想」篠原一・林屋礼

二『公的オンブズマン』(1999, 信山社) 25 頁)。
17) 私はつとに民事紛争の解決について訴訟, 仲裁, 調停その他のADRの競争的共存のメリットを指摘してきた。民事紛争の解決と行政監察・苦情処理の問題を同様に考えるのは妥当ではないけれども (もっとも, 紛争 (紛争にまで成熟しない苦情を含む) の解決という次元では両者は共通する面があり, また民事, 行政事のいずれに帰属させるべきかが困難であるか, もしくは両者の性質を併有する紛争が存在することもある), この指摘は行政監察・苦情処理についても一定限度の妥当性を認めうるであろう。上記については拙稿「調停理論の再検討」『講座民事訴訟 第 1 巻 民事紛争と当事者』(1984, 有斐閣) 264 頁, 同「マスコミ主体の警察オンブズマンを考える——警察の民主的コントロールの制度設計」編集代表 篠原一『警察オンブズマン 民主的監察制度の多面的検討』(2001, 信山社) 113-114 頁などを参照。なお, 小早川・前掲注 9)「行政相談・偶感」も参照。
18) 鶴見俊輔氏は, 日本語の表現を良くするという場が昔も今も日本の大学の中にないことは大きな問題だと指摘している (同「2011 年を生きる君たちへ」(インタビュー) 文学界 2011 年新年号 169 頁)。曽野綾子氏も,「作文教育がキチンとなされてこなかった」から「東京大学法学部を卒業した官僚も, 実につまらない文章しか書けません。」と率直な批判を述べている (同『老いの才覚』(2010, ベスト新書) 27 頁)。なお, 立花隆『東大生はバカになったか 知的亡国論＋現代教養論』(2001, 文藝春秋) 248-249 頁参照。日本のエリートの大部分は日本語を書く修練を経ないままに生涯を過ごしてしまうのではないだろうか。法律家とくに裁判官や大学教授などはその僅かな例外といえよう。自分の貧しい文章能力は棚に上げて厳しいことをいうようであるが, これは後述する私の中央省庁や地方自治体の審査会の執務経験などを通じて得た一般感想である。ちなみに, 大学教授の場合には個人差が大きいように思う。裁判官と異なり合議体で判決草稿の添削を受けるという強制的文章修練の機会がないた

めではあるまいか。(脱稿後に安富歩『原発危機と「東大話法」』(2012,明石書店) という示唆に富む好著に接した。同氏（自身が東大教授である）は論語を引用して「名」を正すことの大切さを強調している (32-39頁)。日本語の文章修練は名を正し，同書で批判されているような話法を防ぐことに大きく寄与するはずである。)

19) 拙稿・前掲注8)「私的オムブズマンと行政調停制度」41頁。
20) 私はかつてわが国でスウェーデンと同様の国会オンブズマンを設けるとすれば人口比を考慮して実に40人のオンブズマン，200人以上の調査官が必要になりうるという計算を述べたことがある（拙稿「スウェーデンの国会オンブズマン——首席国会オンブズマン　クラエス・エークルンド氏との対話など」拙訳・前掲注11)『[翻訳]スウェーデン手続諸法集成』219頁)。しかし，これはそこでの文脈から明らかなように，オンブズマンの制度設計が司法制度改革の一環としての法曹人口の大量増加という問題と密接に関連することを強調した仮定論に過ぎない。誤解を避けるため一言しておく。
21) 拙稿「最高裁裁判官に第二の調査官（裁判官専属の調査官）を」拙著・前掲注1)『続・裁判法の考え方』154頁以下。163頁掲記の橋元四郎平氏のほか，数人の最高裁判事経験者から私見に賛成である旨を告げられた。なお最近，米国カリフォルニア州最高裁判所にはロー・クラークに相当するスタッフに加えて，わが国の最高裁調査官と同様に，特定の裁判官に専属する者とはされていない「セントラル・スタッフ」とよばれる補助機構が存在することが紹介されている（一原友彦「私が垣間見たカリフォルニアの弁護士事情」『法曹』734号（2011) 22頁)。これはまさに私見を実現した立法例といえよう。
22) 拙稿・前掲注20)「スウェーデンの国会オンブズマン—首席国会オンブズマン　クラエス・エークルンド氏との対話など」218-219頁。
23) 拙稿・前掲注17)「マスコミ主体の警察オンブズマンを考える」も参照。なお，警察を国会オンブズマンの所管とすべきか，それとも

地方自治体レベルの公的オンブズマンの所管とすべきかは，警察官に国家公務員と地方公務員とが混在しているので一つの問題であるが，紙数の関係上ここでは言及を省略する。

24) 拙稿・前掲注8)「私的オンブズマンと行政調停制度」37-38頁参照。
25) 行政改革委員としての経験に基づき臨床心理学者の河合隼雄氏はいう。「一人の人間を変えるというのも大変なはずです。(中略) そうだとしたら，日本の国の行政改革をするということは，とてつもないことなんです。」(同『「日本人」という病』(1999, 潮出版社) 23頁) 全くそのとおりである。とりわけわが国特有のいわば行政文化は長短両面を含めて極めて根強いものがある。しかし，自然法則などと異なり文化も可変的なことを知らなければならない (例えば鈴木治雄編『現代「文明」の研究』(1999, 朝日ソノラマ) 563頁の佐藤純一氏の発言参照)。
26) 丸山眞男『現代政治の思想と行動』(2006, 増補版, 未來社) 574頁参照。
27) 行政改革の必要性は，例えば拙著・前掲注1)『法の支配と司法制度改革』の随所 (例えば4-5頁) において指摘・強調した。
28) 脱稿後に刊行された拙稿「建築確認・検査と構造設計をめぐる一法律家の雑考」『神奈川法学』44巻1号 (2011) は，本稿の問題を考える一助にもなりうるかと思う。あわせてご参照願えれば幸いである。

附録 第2

司法制度改革と弁護士自治
―― 大野正男『職業史としての弁護士および
弁護士団体の歴史』を読む ――

1

　本書は『講座　現代の弁護士』全4巻（日本評論社，1970年）中の第2巻の冒頭に置かれた同名の論文を単行本化したものである。第2巻という名称にかかわらず同巻は全4巻の第一陣として刊行された（第2巻の「まえがき」参照）。

　『講座　現代の弁護士』（以下，単に「講座」という）は弁護士による弁護士論の金字塔というべき労作である。空前にして絶後の著作といってもよい。（その後二十数年を経て講座の今日版を意図して宮川光治，那須弘平，小山稔，久保利英明編『変革の中の弁護士――その理念と実践　上，下』（有斐閣，1992年，1993年）が刊行されており，所収の各論稿はいずれも優れたものであるが，同書も少なくとも量的には講座に遥かに及ばない。ちなみにこの編者のうち宮川，那須両氏は後に最高裁判事に就任。）（以下，大野氏を除き故人については原則として敬称を略する。）

　第2巻の「まえがき」は大野氏によって書かれ，そこに講座刊

行の経緯と意図が略述されている。

1968年の盛夏約30人の弁護士が箱根の旅館の一室に会して2日にわたり講座の企画と基本的な構想を討議したのが講座生誕の具体的な第一歩だった（執筆参加者は四十数人に達する）。彼らはすべて登録後5年ないし20年の弁護士であった。彼らの共通の問題は，「弁護士とは何か，弁護士は現代社会の中でどのような役割を果しているのか，また果すべきなのか，それはいかなる方法と視点から検討されるべきなのか。」というものであった。彼らにこういう深刻かつ根元的な問題に対する回答を迫る時代背景はどのようなものだったのか？

この年の1月29日には東大医学部が無期限ストに突入し，東大闘争が始まった。「まえがき」でも「東大裁判をめぐって，弁護とは何か，弁護士とは何かが，社会的にもとりあげられるに至った。」ことに言及している（東大闘争弁護団も同年1月ごろには結成されたといわれる）。68年から69年にかけては全国の大学に過激な学生運動が広がっていった。目を海外に転ずれば，同年5月にはフランスで1千万人が参加したといわれるゼネストが起き，学生の街頭占拠と労働者のストライキが続くパリ5月革命が勃発した（この事件の詳細な関連年表については西川長夫『パリ五月革命 私論 転換期としての68年』（平凡社新書，2011年）の末尾を参照）。69年1月18日には東大に機動隊が導入され，70年1月28日には東京地裁でメーデー事件の判決がなされ（93被告人が有罪，110被告人が無罪），同年11月25日には三島由紀夫の陸上自衛隊東部方面総監部における劇的な割腹自殺事件が発生している。このような騒然とした政治・社会状況は法の支配と民主主義の重要な担い手であ

ることを自負する弁護士に対して既存の司法観，法曹観に漫然と安住することを許さなかったであろう。

（私事を語って恐縮であるが，私は 68-69 年当時四国の小都市の裁判所に勤務しており，一方において裁判官としての自己の資質・能力の貧しさの自覚や司法機能の在りようにに対する懐疑，他方においていわば「世界的学生反乱」の真の理由を知りたい（それが分からなければ学生騒乱の刑事被告事件なぞとても担当できない）という思いなどに駆られて 69 年 7 月に裁判官の職を辞し，弁護士登録もせずに同年 9 月からスウェーデンのストックホルム大学で一種の大学院生の生活を送っていた。弁護士として同時代の現実と真正面から斬り結ぶ決意を示す「まえがき」の文章を読みながら，大野氏と司法修習同期（6 期）の私はいささかの敵前逃亡者的後ろめたさを覚えざるを得ないことを告白する。）

2

ところで，この「まえがき」からも中堅の弁護士の大野氏がすでに弁護士界における一種のオピニオンリーダー的立場にあったことが察せられるだろう。前述したように私は大野氏と司法修習同期の間柄であるが，彼の令名はつとに修習生時代から高かった。しかも彼の父竜太氏は元大蔵省（現財務省）の次官，祖父は著名な弁護士・法学者で，司法大臣，枢密院議長という顕職を歴任した原嘉道である。このような家系からすれば，東大法学部在学中に司法試験に合格した彼が法曹界に進むことは当然のコースのようにも思えるが，彼は卒業後の 1 年間を日本興業銀行で過ごしている。当時の同銀行は「日本興業銀行法」に基づく特殊銀行であり，多くの若い俊秀を引き付けたことを考えれば，この経歴は決

して奇異ではあるまい。それに，竜太氏は大蔵省の課長職時代に検察ファッショの典型例として悪名高い帝人事件に巻き込まれ，被告人の苦痛を体験している。この事件は第一審で被告人全員無罪の判決がなされそのまま確定したものの，それが当時まだ小学生であった大野氏に与えた影響，なかんずく彼の司法観ないし法曹像の形成に与えた複雑かつ決定的な影響のほどは想像に難くない。ちなみに同事件において竜太氏は終始否認を貫いた。このことは大野氏にとって悪夢の中での誇らしい大切な記憶だったに違いなく，周囲の親しい弁護士などにこれをよく語っていたとのことである。（我妻栄編集代表『日本政治裁判史録　昭和・後』（第一法規，1970 年）は「自白強要の状況の下で，大蔵省銀行局の3名……らが一切虚偽の自白をしなかったのは，……特筆されねばならないであろう。」と記している（68頁―大島太郎執筆）。なお後掲 3. ⑤の著書の19頁参照。）

　しかし，偉大な法曹であった祖父から受け継がれた遺伝子（母を通じて）はやはり大野氏を本来の道に導いたのであろう。法曹の道を選択した彼は，修習を終えて当時人権派弁護士の雄と目されていた海野晋吉の法律事務所の一員として弁護士の道を歩み始めることになる（抜群の俊秀である大野氏は司法研修所の裁判教官から強く裁判官になることを勧誘されたように推測される。私は某裁判教官がある同期の集まりの挨拶の中で，「6期の特徴は，優れた修習生たちが裁判官になるのを拒んで弁護士の道を選んだ期だということ」と公言するのを耳にしたが，その際に私の念頭を去来したのはまず大野氏のことであった）。

3

　弁護士となった大野氏は数々の社会の耳目を惹くような著名事件を担当した。加えて，その多忙な時間を割いて精力的に著作活動にも従事している。とくに後記①はその成果を如実に示すものである。彼は旧制一高・東大の学生・卒業生を中心とする総合雑誌『世代』の同人であったが（編集委員にもなった。ちなみに同誌は高名な文人，知識人を輩出している），法律論文やこれに類する文章を執筆する場合には，文飾を避け平明な文章を書くように努めたと聞く（彼から直接聞いたわけではなく，たしか共通の友人である故・原後山治弁護士あたりから聞いたように記憶する）。

　大野氏には単著・共編著を含めて多数の著作がある。単著としては

　①　『裁判における判断と思想　判決分岐点の研究』（日本評論社，1969 年）
　②　『社会のなかの裁判』（有斐閣，1998 年）
　③　『弁護士から裁判官へ——最高裁判事の生活と意見』（岩波書店，2000 年）

の 3 つがある。いずれも出色の労作である。極めて謙虚な性格の彼は出版記念パーティなど好まなかったが，②の出版についてはその時代的意義にもかんがみわれわれ友人は出版記念パーティを開くことを彼に強く勧め，50 名程度の小規模の集まりということで彼の承諾を取り付けた。この会の状況については拙著『続・裁判法の考え方——司法改革を考える——』（判例タイムズ社，2000 年）に収めた拙稿「大野正男『社会のなかの裁判』(1998, 有斐閣)

出版記念パーティにおける発起人挨拶」でやや詳しく語っているので，ご参照願えれば幸いである。また，私は③について『自由と正義』誌に求められて書評を書いたが，これも前掲拙著の中に収めてある。

共編著としては

④　大野正男＋大岡昇平『フィクションとしての裁判〔臨床法学講義〕』（朝日出版社，1979 年），（作家大岡昇平との対談）

⑤　大野正男・渡部保夫編『刑事裁判の光と陰　有罪率 99％の意味するもの』（有斐閣，1989 年）（共編者の渡部は元刑事裁判官，その他 4 人の弁護士が分担執筆）がある。両書とも日本の刑事裁判を理解するうえで極めて興味深く有益な著作である。(他に労働法に関する共著や単行本未収録の論文がある。)

ちなみに，大岡昇平は大野氏と親交があり，刑事裁判関係の小説を書く時は彼の助言を求めることにしていたという（④の 268 頁）。さらに大野氏の法的助言を頼りにしていた作家としては山崎豊子氏を挙げるべきだろう。大野氏の告別式の時，彼女は不自由な体を押して大阪・堺の自宅から駆け付け声涙ともに下る弔辞を述べた。参列者の一人である私の脳裏には彼女の言葉の断片が今でも鮮烈に焼き付いている（なお，西山事件（沖縄密約事件）を取り扱った彼女の大著『運命の人』全 4 冊（文藝春秋，2009 年）―後にテレビドラマ化された）の中の大野木正のモデルは大野氏といわれる。)

大野氏は輝かしい弁護士活動を経て 1993 年 4 月に最高裁判事に任命され，97 年 9 月に定年により退官した。紙幅の関係上ここで最高裁判事としての活動に言及することは割愛せざるを得ないが，日本の司法は世界的にみても超一流の法律家を最高裁の裁判

官として擁したことを誇ってよいであろう。なお，上記②，③とくに③の著作は退官後に最高裁判事の経験を踏まえて執筆されたものである。2006年10月逝去。享年（満）79。

　附言する。彼は抜群の「知の人」であるが，同時に限りない「情の人」でもあったことは彼と個人的接触をもった人以外にはあまり知られていないのではないだろうか。ここにある個人的体験を語ることを許されたい。私は駆出しの判事補のころ後に再審無罪となる松山事件の左陪席裁判官を務めた。再審無罪判決の日が近づくにつれ当時弁護士登録を残したまま神奈川大学法学部教授であった私のもとには激しいマスコミの取材攻勢の波が押し寄せ，また学内にはこの事件を理由に私の追放運動を起こすよう学生を扇動する教員もいたらしい。私自身わが身の去就について苦悩の日々を重ねていた。やがて無罪判決の日が到来し，私は某紙に乞われて一文を発表しているが，それを読んだ大野氏から逸速く長文の手紙が届いた。当然のこととして秋霜烈日のごとき批判を覚悟していたのだが，意外にもそれは温かい理解に基づく批判を内容とするもので，励ましの言葉まで添えられていた。この一事だけからも彼が無限の優しさに満ちた人であったことが理解されるであろう（私事をやや詳しく語り過ぎた嫌いがある。しかし，修習同期の最年少者の私の馬齢すらすでに80歳を超えた。残された無能の者にできることは不世出の法曹であった友人たちの語部的な役割を果たすことではないのかと愚考する。日弁連法務研究財団専務理事の庭山正一郎弁護士が私に本解説を書くよう慫慂された理由の一つもこの辺にあるのではと臆測する。読者のご寛恕を乞うゆえんである）。

4

　以上，本書を読むうえで若い読者にとって参考になろうかと思われることがらについて述べてきた。そろそろこの辺で本書の内容について若干言及すべきかも知れない。しかし，その優れた内容は読者自身によって味読されるべきもので，言わずもがなの解説など有害無益なおそれがある。最小限の言及にとどめたい。記述の便宜上，以下では大野氏に代えて著者という表現を用いる。

　まず「まえがき」における以下の論述に注目して欲しい。

　「弁護士は自由と独立を職業上の背骨とする。その職務は本質的に『官僚制』に適しない。しかし，弁護士がまさに自由と独立に生きようとすればするだけ，現代社会の厖大な機構においては，孤立化した手工業的な職業になる傾向を否定できない。依頼者に対する優れて個人的な信頼関係を保持しつつ，ますます複雑多様化する社会の要請にどう対応していくかというジレンマを負っている。しかも弁護士は，官僚制の外にあるものとして，不当に圧迫されている人々の基本的人権を擁護する基本的な職業的使命を帯びている。それは英雄的であるが，反面ドンキホーテ的様相を帯びることも否定しがたい。／このような現代の弁護士の職業としての困難さのゆえに，弁護士団体のあり方が注目されるのである。」ここに著者の冷徹を極める頭脳が捉えた現代社会における弁護士の問題点と苦悩が濃縮して活写されている。

　続いて，少し内容自体に立ち入ってみてみよう。「第1節　序説――弁護士の職業史の意義と指標」（3頁以下）で著者はいう。

　「弁護士という職業を自由と人権の戦士として画くこともでき

れば，反対に，他人の紛争によって利益する寄生虫的存在として描くことも——不幸にしてルオーやドーミエの絵が暗示するように——可能であろう。確かに，いずれの時代においても，さまざまな顔をもった弁護士が存在した。否，一人の弁護士においてさえ，さまざまな顔は同時に存在しえたのである。」(3頁)

この一文は洋の東西を問わず人々の抱く弁護士像に関する通念を言い当てている。それは弁護士以外の法律家についてすらそのまま妥当する。私自身優れた裁判官や法学者がすこぶる一面的な弁護士像を抱いていることに驚いたことは一再にとどまらない。とくに若い読者はこのことを脳裏に刻み込んでいて欲しいと思う。

「序説」で著者は，理念型としての弁護士という職業の特質を「自由業でありプロフェッションであ」ると規定し，その本質的特質として以下の四つを挙げ，それぞれについて説得力ある論述を展開する。すなわち——

① 職業としての独立性をもっていること，
② その専門的知識によって社会的有用性をもっていること，
③ その自治能力と密接に関係すること，
④ 一定の経済的条件によって支えられていること。

「序説」の中で述べられていることは，司法制度改革の烈風が吹き荒ぶ今日，弁護士（会）・日弁連の在り方を熟考するにあたって多くの貴重な示唆を与えてくれる。例えば，①に関連して，弁護士は医師の場合と異なり絶対的な共通の敵をもたないこと，すなわち医師の場合，病気に対する闘いは共通の具体的な職業的目的であるが，弁護士の使命とされる「基本的人権の擁護と社会的

正義の実現」は「価値的表現であるから抽象的には共通であっても現実的にはその内容がかなり異なる」ことが指摘される。弁護士論を考える場合に常に回帰すべき貴重な原点の提示といえよう。

著者はこの四つを指標として,「弁護士がその100年の歴史を通じてわが国の社会にどのような意味をもつ職業的階層として形成されてきたか,または形成されてこなかったか」を明らかにすることを試みる。それはもとよりわが国における空前の試みであるが,管見の限りではこの種の弁護士論の比較法的研究としてみても稀有の知的営為というべきである。

「第2節」(9頁以下)は,弁護士制度の前身である(免許)代言人制度を扱っている。わが国における近代的な弁護士制度の生誕は明治9年の代言人規則の制定による免許代言人制の発足に始まるといってよい(代言人の前身である公事師,公事宿をどう理解するかは日本法制史上いささか議論のある論点である)。当初免許代言人の権限は極めて制約されていたが,同規則は明治13年の改正を経て同26年の弁護士法につながる。そしてこの旧々弁護士法,ついでこれを全面改正した昭和8年の旧弁護士法が現在の弁護士法の制定・施行に至るまで弁護士に関する主要な法源を成すことになる。

免許代言人の地位は今日のわれわれの想像を絶するほど低かった。しかし,「この新しい職業によって新しい時代を画そうとする有為の人物が次第に代言人の階層に加わった。」(大井憲太郎,星亨,鳩山和夫等々が例示される。)また,「大審院長であった三好退蔵が職を辞して代言人に登録し,バリスター増島六一郎も代言人に

なる」などのことがあり，これらは「代言人の社会的地位を高めるとともに，その職業的機能について社会の認識を新たにするのに大きな貢献をした。」のである（34頁）。三好や増島などの生き方は未知・不安定な職域への挑戦も覚悟しなければならぬ現代の若い弁護士たちに対して大きな勇気と激励を与えるのではあるまいか。

　しかし，「代言人階層自体のなかに学識・資質の極端なアンバランスがあるということは，統一的な職業階層の形成にとっても，重大な困難をもたらした」(37-38頁)。とりわけ東京代言人組合の役員選挙に際しては大きな混乱が生じて乱闘騒ぎにまで発展し，監督者である検事の介入を招くという情けない不祥事がしばしば起きている。

　「個々の秀れた代言人の活躍により，プロフェッションとしての代言人制度は，ようやくその意義を社会に認識されつつあったが，共通の職業的使命感を自覚するにはなお程遠く，職業階層の形成は，単に官尊民卑という外的条件によってのみならず，自らの内部的要因によって，著しく未成熟のまま終わったのである。」（40頁）こう書かねばならぬ著者の口惜しそうな表情が目に浮かぶといったらば妄想に過ぎようか。

　内紛は代言人制度から弁護士制度に移行した後も役員選挙にあたってほとんど恒例の行事のごとく生じている。内紛の模様の活写は，無責任な一読者として読む限り活劇を見る観すらあって興味津々ともいえる。別にこのような箇所に限らないが，著者の並々ならぬ筆力（適切な文献資料の引用文の配置を含めて）は驚嘆に値する。

分裂の原因の解明については,「弁護士団体の内紛と分裂——職業的伝統形成の蹉跌」(第3節 5 (とくに95頁以下))において的確・周到な考察がなされている。ここでの論述(あわせて「第4節」の「3 弁護士の経済的基盤の喪失」(119頁以下) および「5 戦時下における弁護士——職業的機能の喪失の経過」(134頁以下) も参照) からは,司法制度改革に伴う弁護士人口の激増,弁護士の職域の多様化に関連して今後生ずるであろう様々な難問に対処すべき基本的な思考と戦略に関する有用な示唆を汲み取ることができると思われる。

すでにあまりにも多くの紙面を費やしてしまったようである。しかし,本書の総括でもある最終節=「第5節」に全く触れないで済ますわけにはいかない。

いわば弁護士立法とも形容できる昭和24年法 (現行弁護士法) は「制度的にみた場合,……従来の弁護士階層の希望をほとんどすべて実現したといえる。」(149頁) それは代言人時代からの心ある弁護士界の先人たちの不断の営為が敗戦によるこの国の根底からの変動に際会して大きく開花・結実したものといえようが,クールな見方をすれば,やや棚ボタ式に与えられたものという面があることも否定できまい。比較法上冠絶する弁護士 (会) 自治を獲得した弁護士 (会)・日弁連は,果たしてそれをこの国における法の支配の実現のために優れて賢明に実践してきた (そして今後ともできる) といえるだろうか。現在の司法制度改革が弁護士 (会)・日弁連に突き付けているのはこの疑問に対する言葉でなくて行為をもってする回答ではないのか。本節の「2 弁護士階層の歴史的特色と課題」(とくに153頁以下) はすでに司法制度改革の厳し

い風雨の到来を予見しているかのような憂国（？）的論述と読める。少なくとも行間からはそういう憂いがひしひしと伝わってくる。著者の先見力に瞠目せざるを得ない。

　温故知新，本書は弁護士（会）・日弁連の在り方を真摯に再思三考するために今こそ心してひもとかれるべき最高最良の書といえるのである。

　（注5（159頁）の大野論文は本節ひいて本書全体を理解するためによなき参考文献となろう。この論文は臨時司法制度調査会意見書をめぐる賛否両論の激しい対立の中であくまでも冷静さを失うことなく司法改革の方向について簡潔ながら縦横に論じたものである。その所論はおおむね今日もなお強い説得力・訴求力を有することに驚かされる。ただし，「法律時報昭和41年4月号」という出典の表示は「3月号」とあるべきところ，同号は38巻4号（通巻400号）なので，この号の表示に引きずられたのだと思う。）

5

　本書（講座所収のもの）の書評としては管見の限りで　木原銕之助「講座『現代の弁護士』を読みて」自由と正義22巻3号（1971年）（〈随筆〉として掲載）と佐々木哲蔵「講座　現代の弁護士（第2巻）　大野正男編『弁護士の団体』〔日本評論社　1500円〕」法律時報42巻11号（1970年）がある。また，谷正之『弁護士の誕生――その歴史から何を学ぶか』（民事法研究会，2012年）は本書に関連する記述に富み，しかも多くの難読な語に振り仮名が付されていて，本書における難解な引用文の読解に資するだろう。なお，本書と同時に刊行される古賀正義『日本弁護士史の基本的諸問題

──日本資本主義の発達過程と弁護士階層』(講座第3巻所収)は鋭い批判的考察に満ちた好著であり，本書との併読をお勧めしたい。

　本稿を草するについては，木原氏に関する資料収集の面で谷正之弁護士にご協力をいただき（書評者としての木原氏について多少の知識を得たかったので），また大野氏と同一の法律事務所に長らく在籍した廣田富男弁護士から有益なご助言を賜った。記して謝意を表する。しかし私の記憶力の劣化などから本稿の記述には思わぬ過誤が存するかも知れぬことを恐れる。あらかじめお詫び申し上げておく次第である。

　　　　　　（2012年12月31日　除夜の鐘を聞きながら擱筆。）

跋

　昨2012年の夏はことのほか暑かった。多くの老人が熱中症で倒れたことも報じられた。そんななかで体調いささか不良気味の私が無事この夏を乗り切ることができたのは本書の内容の一部を成す仕事に熱中していたお蔭だと思う。有り難いことである。(実は本書の最終校正をしている現在はその1年後の2013年9月初旬である。今夏の猛暑ぶりは昨年をさらに上回るものがあったのになんとかそれにも耐えられたのは，本書の刊行という仕事を抱えていたからこそだと痛感する——まだ厳しい暑さは続いており過去形で書くのは危険かも知れないが，仕事の大切さ，有り難さを骨身に徹して思い知らされた次第である。) 本書はできれば遅くとも2013年3月までには刊行したいと思っていたのだが，種々の事情から大幅に遅延してしまった。だが，それが幸いして多少は内容的にヨリ充実したものにできたようである (附録第2の収録もその一つである)。物事にはプラスとマイナスの両面がある。私のような凡夫にもこの当然の真理が実感として納得できるようになったのは老年の一得といえようか。

　いわゆる法律論文 (最広義における) は知的散文の一種だろうが，文才の乏しい私にとってその執筆は詩や短歌・俳句その他の文学作品による言語表現も兼ねている面がある (天才 (超名人) 芭蕉のそれとは違う全く文字通りの「無能無才にして唯この一筋に繋がる」*なのだ)。この意味で敬愛する故雫石とみさんの「読みかきは一生の宝で，86歳の今日も最良の友。」という言葉 (同『輝くわが最晩年　老人アパートの扉を開ければ』(1997, ミネルヴァ書房) 275頁) は私にとっても同様に真実である。——「天涯孤独の女性文筆家」と

いわれる彼女のひそみに倣おうなどとはおこがましい限りかも知れないが。

　雫石さんについてご存じない読者のために注すれば，彼女は小学校しか出ておらず，13歳から母娘2代にわたる筋金入りの「一生おなご土方」(同書270頁) と自称する困苦に満ちた生活を過ごされた。結婚して3児を儲けたが東京・下町の大空襲で失い，爾来終生の独り暮らしを続ける。40代から書くことを始めて60代半ばで驚嘆すべき処女作『荒野に叫ぶ声　女収容所列島』(1976？，〔新版〕は1997，社会評論社) を出版。自らは6畳一間＋4畳半大の勝手の古アパートに住みながら老人文学の振興に役立てたいとの一念から全財産に等しい2800万円を投じて公益信託「雫石とみ文芸賞基金」を設立した。1911年生-2003年没，享年92。

　この跋ではどうしても雫石さんについて若干の言及がしたく，それに事寄せて書くことに対する自分の思いも少し吐露したかった。「判決文におけるしゃべりすぎ」を批判する本があるけれど (井上薫『司法のしゃべりすぎ』(2005，新潮新書))，拙稿とくに本書収録のものにはいわば「法律論文におけるしゃべりすぎ」として厳しく批判される箇所が少なくないだろう。だが，これらは意図的な「蛇足」「余事記載」であって，こういうことも書きたいから私は大切に扱うべき晩年の時間を論文作成などという美名の紙屑製造に費やしているわけである。

　(ちなみに，平成24年度下半期 (148回) 芥川賞に75歳の黒田夏子さんの「abさんご」(早稲田文学5号) が選ばれ，出版界の大きな話題になっている。もちろんその作品は素晴らしい文学的達成に違いないけれど，彼女は幼少時から文筆に親しんだ人であって，当人もその文学を (こ

最後に蛇足めいたことをもう一言。数日前にふと手にした本の中でこんな心に残る文章に出会った。「人生は出会いが全てかもしれない。人や動物や物との出会い，色彩や音楽や一文との出会い―。」(傍点引用者) (吉成真由美〔インタビュー・編〕『知の逆転』(2012, NHK出版新書) 8頁)。読むことは結局「一文との出会い」を求める探索の旅で，それは生ある限り可能なのだろう。読む傍らから忘れるほど記憶力の劣化した老耄の私にとって読書はなお至上の快楽であり続けており，本書が書けたのもそういう読書のお蔭だといってよいのである。

　　　　　(2012年秋に書いたものに，多少の修正補筆を加えた。)

＊　『ドナルド・キーンの東京下町日記』(東京新聞2013年6月2日 (日) 1面) に，第二次世界大戦直後の米国では日本 (語) の研究が極めて不振であり，同博士も「将来性のありそうなロシア語を習い，専門分野を変えようとした。ところが，どうしてか覚えられない。その時に頭に浮かんだのは松尾芭蕉の『笈の小文』(おいのこぶみ) の一節だった。『つゐに無能無才にして只此 (ただこの) 一筋に繋 (つなが) る。』私には日本研究しかないのだと。」と書かれている。これを読むと私ごときが芭蕉のこの言葉を安易に引用することが躊躇われる。しかし，専門分野の違いは別としてキーン氏と私とでは研究者としての能力において天地雲泥の差があるにせよ，私自身も長年この言葉にすがって生きてきた者であることに間違いはない。それで，傲慢の誹りを受けるかも知れぬことを覚悟して上記の文章はそのままに残しておく。

著者紹介

萩原　金美（はぎわら・かねよし）

1931年群馬県高崎市生まれ。1951年司法試験合格，1953年中央大学法学部卒業。九州大学法学博士，スウェーデン・ルンド大学名誉法学博士。裁判官生活15年の後，1969年からスウェーデン等に留学。1972年帰国して弁護士登録（第二東京弁護士会）。1976年神奈川大学法学部教授，民事訴訟法・裁判法担当。2001年定年，2004年まで特任教授。同年神奈川大学名誉教授。
著作：『スウェーデンの司法』（1986，弘文堂），『民事司法・訴訟の現在課題』（2000，判例タイムズ社），『訴訟における主張・証明の法理』（2002，信山社），『裁判法の考え方』（1994，信山社），『続・裁判法の考え方』（2000，判例タイムズ社），『法の支配と司法制度改革』（2002，商事法務），（翻訳）ハンス・ラーグネマルム『スウェーデン行政手続・訴訟法概説』（1995，信山社），『［翻訳］スウェーデン訴訟手続法─民事訴訟法・刑事訴訟法─』（2009，中央大学出版部），『［翻訳］スウェーデン手続諸法集成』（2011，中央大学出版部）その他。

検証・司法制度改革　I
法科大学院・法曹養成制度を中心に

2013年11月20日　初版第1刷発行

著　者　萩　原　金　美

発行者　遠　山　曉

郵便番号 192-0393
東京都八王子市東中野742-1

発行所　中　央　大　学　出　版　部
電話 042(674)2351　FAX 042(674)2354
http://www2.chuo-u.ac.jp/up/

© 2013　Kaneyoshi Hagiwara　　印刷・製本　㈱ニシキ印刷／三栄社
ISBN978-4-8057-0728-9